참 나를 느끼는
스판다 카리카

<표지 그림 설명>

샥티

그녀는
아름답지도 추하지도 않다.
"에너지"라는 현대어로 풀이할 수 있는
그녀는 참으로 <우리의 모든 것>이다.

자연력(自然力)의 의인화(擬人化)이든
<ATP>라는 음식물(飮食物) 에너지이든
<전기(電氣)>라는 물리적(物理的) 에너지이든
<욕망>과 <분노>라는 심리적(心理的) 에너지이든
<사랑>이라는 영적(靈的) 에너지이든
그녀는
<"**움직임**"이라는 그 모든 것>을
일컫는다.

"에너지", "**힘(力)**", "**기(氣)**", "**영(靈)**"
그리고 여기 "스판다"라는
그 무엇……

참 나를 느끼는
스판다 카리카

- 신성의 창조적 박동, 스판다 -

金恩在 지음

지혜의나무

목차

들어가며

바수굽타의 저작으로 알려진 『스판다 카리카』는 『쉬바 수트라』에 <일종의 주석(註釋)>을 제공하는 문서다.

<신성(神性)의 **의식 (意識)**>은 차갑고, 활기 없는 <지적(知的)인 작용>만은 아니다. 그것은 스판다다. 즉 <살아 있고, 역동적이고, 삶과 더불어 고동치는, 창조적인> 박동(搏動)이다.

쉬바 수트라에서 강조된 것은 신성의 **프라카샤** 측면이다. 스판다 카리카에서는 신성의 **비마르샤** 측면이다. 이 두 가지의 통합적인 시각이 **카시미르 쉐이비즘**의 정수(精髓)다.

[필자는 수행경(修行經) **쉬바 수트라**에서, 나름 이 **비마르샤** 측면을 많이 강조했다.]

스판다는 문자적으로 "진동(振動)"을 의미한다. 그것은 신성 즉 **의식 (意識)의 역동성 (力動性)**, 곧 <**신성 (神性)의 창조적 박동(搏動)**>을 의미한다.

카리카라는 말은 "철학적이고, 과학적인 주제에 관한 구절(句節)의 모음"을 말한다.

스판다 카리카에 따르면, "**참나**"는 단순히 <지켜 보는 의식>만은 아니다. 그것은 <인식성(認識性)>과 함께 <활동성(活動性)>의 특성이 있다. 이 <활동적 자아(自我)와 함께하는 자(者)>만이 <자신의 가장 높은 상태>에까지 오를 수 있다. [그러므로 이것은 우뇌(右腦)에 관한 무엇이라고도 할 수 있다.]

스판타 카리카의 옛 주석서로는 아래의 것들이 있다고 한다.

(1) 『스판다 브릿티』 : 칼라타
(2) 『스판다 비브릿티』 : 라마칸타
(3) 『스판다 프라디피카』 : 밧타 웃팔라
(4) 『스판다 산도하』 : 크세마라자
(5) 『스판다 니르야나』 : 크세마라자
　『스판다 산도하』는 <스판다 카리카 1장 1절>의 주석서로 알려져 있다.

현대의 주석서로는 다음이 있다.

『Spanda Karikas』 : Jaideva Singh 2012년

☯　　　☯　　　☯

스판다가 무엇인가?

스판다는 이 전통에서 쓰는 아주 전문적인 용어다. 그것은 일종의 <움직임>으로, 운동(運動), 진동, 고동(鼓動), 박동이다.

그러나 신성(神性)에 적용될 때, 그것은 움직임을 의미하지 않는다.

아비나바굽타는 그것을 아주 명확히 한다.

"**스판다**는 어떤 종류의 움직임을 말한다. 만약 신성의 핵심으로부터 다른 대상 쪽으로 움직임이 있다면 그것은 명확한 움직임일 것이지만, 그것은 <움직임 그 자체>가 무(無)인 것이다.

그러므로 **스판다**는 신성(神性)의 핵심적인 본성에서 <모든 연속성(連續性)을 배제하는>, <영적인 기쁨의 [상하] 요동(搖動)이고, 박동>이다.

이것이 '**킨칫 칼라남**'에서 그 '**킨칫**'이라는 말의 중요성이다."

킨칫 칼라남은 <(이를테면) 움직임>이라고 할 수 있다. [<미묘(微妙)한 움직임>이라고 하자.]

잘 알다시피, 움직임 혹은 운동(運動)은 <시공간(時空間)의 구조> 안에서만 일어난다. 그러나 <지고(至高)의 **그 무엇**>은 시간과 공간 너머의 것이다.

그러므로 **스판다**는 <물리적인 운동>도 아니고, 고통과 기쁨 같은 <심리적인 동요(動搖)>도 아니고, 배고픔과 갈증 같은 <생체 에너지의 활동(活動)>도 아니다.

그것은 <신성의 **나-의식**[비마르샤]>의 황홀경의 고동이다. <신성의 **나-의식**>은 **영적인 역동성**이다. 그것은 <**신성의 창조적 박동**(搏動)>이다. 그것은 **쉬바의 스와탄트리야** 즉 <**절대 자유**>다.

만약 **스판다**가 어떤 종류의 움직임이 아니라면, 어떻게 이 말을 <**지고**(至高)**의 활동**>에 적용할 수 있겠는가?

스판다라는 말은 '어느 정도의 움직임'을 말하기 때문이다.

그것이 **아비나바굽타**가 설명한 것이다.

"**스판다나**는 <어느 정도의 움직임>을 의미한다. <어느 정도의>라고 하는 특징은 <부동(不動)의 것> 일지라도 '마치 <움직이는 것>처럼' 보이는 것으로 이루어져 있다.

<**의식**(意識)**의 빛**>조차도 - 그것은, 있는 그대로 변하지 않더라도 - 변(變)하는 것처럼 보이기 때문 이다. 부동(不動)도 마치 여러 가지의 현현(顯現)을 가지는 것으로 보인다."

그러므로 스판다는 <그 안에서는 **어떤 움직임도 없는 영적 (靈的)인 역동성 (力動性)**>이다. 그렇지만 모든 운동의 필수조건으로 있다.

무한하고 완전한 <신성의 **나-의식 (意識)**>은 항상 비마르샤 즉 <자아 자각(自覺)["**참 나를 느끼는**", **자신을 알아채는 일**]>을 갖는다.

<**자신을 알아채는 일**>은 영적인 역동성인 <미묘 (微妙)한 활동>이다. 그것은 물리적, 심리적, 생체 에너지의 활동이 아니다.

웃팔라데바는 이렇게 말한다.

"신성은 항존(恒存)하고, 불변하는 <**참나 자각**[즉 **비마르샤**]> 때문에 <**위대한 주**[마헤슈와라]>라고 한다.

그 절대적 자유 안에서, <**자신을 알아채는 일**>은 신성의 <지식[재인식(再認識)]과 활동>을 이룬다."

스판다는 <"**참 나를 느끼는**", **나를 알아채는 일**> 혹은 비마르샤의 다른 이름이다.

크세마라자는, 스판다는 스와탄트리야[<신성의 절대 자유>]를 포함한다고 한다.

비마르샤, 파라 샥티, 스와탄트리야, 흐리다야, 아이슈와라, 카르트리트바, 스푸랏타, 사라는 모두 [기독교의 "성령"을 포함하여] 스판다의 동의어다.

스판다 샥티……

그녀는 - 항상 <만트라의 생명력[즉 **나-의식**]>을 의식하고, (모든 문자가 그 핵심인) <**나-의식**>으로 번쩍이고, <**갸나**[지식]의 몸을 가진 여신>으로 - 늘 <프리트비에서 **쉬바**까지>의 전체성을 안다.

그것들은 본질에서 그녀 자신과 <하나>이지만, 마치 <**거울에 비친 도시처럼**>[그 **도시는 그 거울과 다르지 않다**.] 그녀 자신의 자유롭고 깨끗한 자아의 캔버스 위에 그녀 자신의 본성을 표현한 것이다.

온 세상에 편만한 영광(榮光)을 기뻐하는 **쉬바**의, 그 **쉬바**의 스판다 샥티 즉 <신성(神性)의 **창조적 에너지**>에 경의(敬意)를!

이 세상에서, <**참나**의 엄청난 위대함>이 **쉬바**의 영감(靈感)으로 **바수굽타**에게 나타났다. 그[**쉬바**]는 그의 은혜(恩惠)를 모든 사람에게 베풀려고 했다. **바수굽타**는 <꿈에 지시를 받아> **마하데바** 산에서 <가장 비의적(秘意的)인> **쉬바** 수트라를 얻었다. 그것은 커다란 **바위**에 새겨져 있었다.

바수굽타는 <계시(啓示)-경험(經驗)-논증(論證)의 부합(符合)>을 **드러내는** 것으로, <서로 떨어져 있는 **수트라**의 의미>를 <51개 절(節)로 모아[**카리카**]>, <깊은 의미>와 <명료한 형태>로 표현했다.

처음 25절은 <**쉬바**의 핵심적 본성>인 **스판다**를, 다음 7절은 <**사하자 비디아**의 출현(出現)>에 관한 **스판다**를, 마지막 19절은 <굉장한 힘(力)>을 얻는 **스판다**를 기술하여, 이 **스판다 카리카**는 3장으로 구성되어 있다.

원래 3장으로 된 **스판다 카리카**를 이 책에서는 [책 편집의 편의로] 다음과 같이 나누어 다룬다.

제 1 장 : 1장 < 1 > 절
제 2 장 : 1장 < 2 > - < 5 > 절
제 3 장 : 1장 < 6 > - < 13 > 절
제 4 장 : 1장 < 14 > - < 25 > 절

제 5 장 : 2장 < 1 > - < 7 > 절

제 6 장 : 3장 < 1 > - < 10 > 절
제 7 장 : 3장 < 11 > - < 19 > 절

제 1 장

스와루파 스판다 I

1. 본성(本性)의 스판다
2. 눈을 뜨고 감는 것

[※ 본문에서 말하는 장(章)과 절(節)은
원래 스판다 카리카의 장과 절을 말한다.]

< 1 >

눈을 뜨고 감는 것으로

세계가 사라지고 나타나며,

<신성의 여러 에너지>의 근원인

샹카라에게 찬미(讚美)를

< 1 >
눈을 뜨고 감는 것으로
세계가 사라지고 나타나며,
<신성의 여러 에너지>의 근원인
샹카라에게 찬미(讚美)를

Yasya-unmesha-nimesha-bhyam
    jagatah pralaya-udayau
Tam shakti-chakra-vibhava-prabhavam
    shankaram stumah

우리는 어릴 적 (적어도 한번쯤은) "내가 죽으면 모든 것이 사라진다."고 생각한 적이 있을 것이다. <내>가 <눈을 감으면[죽으면, 사라지면]> 아무것도 볼 수 없고, 알 수 없기 때문이다.

그런 생각은 <어른이 되면서> 거의 하지 않는다. <우리의 경험(經驗)과 논리(論理) 등>에 맞지 않기 때문이다. "내가 죽어도 세상은 여전히 잘 돌아갈 것이다."가 우리의 정답이 된다.

그러나 **스판다 카리카**는 우리의 어릴 적 생각이 (어쩌면) 옳을지도 모른다고 말한다. 물론, 우리가 <어른이 되면서> 겪는 그 경험과 그 논리가 아닌,

15

<다른 경험(經驗)과 다른 추론과 논증(論證)으로>
말이다.

예(例)를 들어 보자.

우리는 나에게 **<깨어 있을 때>, <꿈꿀 때>,
<잠잘 때>**가 있다는 것을 **너무나 잘 안다**. 우리의
경험과 논리로 너무나 잘 알고 있다.

그러나 <깨어 있을 때>, 내가 깨어 있다는 것을
잘 모르고[잘 알아채지 못하고], <꿈꿀 때>, 내가
꿈꾸고 있다는 것은 **더욱 잘 모르고**, <잠잘 때>,
내가 잠자고 있다는 것은 **아예 모를지도 모른다**.

그러나 잠자고 있을 때, 문득 **잠은 오직 <나의
몸>에만 일어난 것이고 <나>에게는 전혀 아닌 것**을
(잠자고 있는 동안) 생생히 느끼는 <그런 (이상하고
섬뜩한) **경험(經驗)**> 말이다.

그것은 <어디에서 읽었거나 주워들은> 지식이나
생각, 상상이 아니다.

아니면, 우리의 영성(靈性) 곧 <민감(敏感)함>이
성장하여, <잘 느끼는 것>, **<알아채는 일>, <살아
있는 일>**이라는 <그런 **경험(經驗)**> 말이다.

[<그런 경험>을 위해, **비갸나 바이라바**는 많은
방편(기법)을 우리에게 소개하고 있다.]

<살아 있는> 사람은 죽음을 두려워하지 않는다. 그는 정말로 살아 있기 때문이다. 우리가 **정말로 살아 있을 때, 우리는 <죽음을 살 수조차> 있다.** 죽음이 올 때, 그것에 나는 너무나 민감하게 되어, 그것에 살아 있게 되어서, 그것을 즐길 수조차도 있는 것이다.

<만약 우리가 **중심**으로 물러나서 나의 죽어 가는 몸에 민감해질 수 있다면>, <만약 그런 것까지도 느낄 수 있다면>, 그때 우리는 이미 불사(不死)인 그 무엇이다. **<나의 몸이 죽어 가는 것을 지켜보는 그것>**은 죽을 수가 없기 때문이다.

그것은 <내>가 곧 **<아는 자>, <영원한 경험자>, <"항상(恒常)"인 주체(主體)>, <의식(意識) 자체>가 된 사람의 경험(經驗)**이다.

☯

**눈을 뜨고 감는 것으로
세계가 사라지고 나타나며**

중국의 산해경(山海經) 대황북경(大荒北經) 편에 보면, 저 멀리 서북해(西北海) 밖 어디에 신(神)이 있어, <사람의 얼굴>과 **<뱀의 몸>**을 하고, 붉은데, <세로눈[직목(直目)]>이 합쳐져 있다고 한다.

그 **신(神)이 눈을 감으면 어두워지고, 눈을 뜨면 밝아진다.** 그는 물론 먹지도, 잠자지도, 숨도 쉬지 않으며, 비바람[풍우(風雨)]을 불러올 수 있다.

그것은 <대지 즉 우주(宇宙)의 밑바닥>을 비추며, "촉룡(燭龍)[**불뱀, 쿤달리니**]"이라고 부른다.

신화(神話)는 <우리 인간(人間)의 이야기>다. <나 자신>의 이야기다. [물론 이때 <나>라는 것을 어떤 것으로 보느냐는 우리 각자(各自)의 몫이다.

우리는 <나 자신>을 그냥 <몸>이라고 생각하거나 <마음>이라고 여기며, <그렇게> 살고 있다.]

    ☙   ☙   ☙

이제, **크세마라자**가 <이 한 절(1장 1절)>만으로 <스판다 산도하>라는 한 권의 책을 썼다는 사실을 기억하며, 우리는 한 장(章)으로 압축해 보자.

샹카라에게 찬미 (讚美)를

<쉬바에 대한 **찬미 (讚美)**>로 시작하는 이 경전은 바로 이 경문으로 이 경전의 요지(要旨)를 명확히 나타낸다.

샹카라는 <샹[은혜(恩惠), **아누그라하**]을 행하는
이>라는 뜻이다. 여기서 은혜라는 것은 수행자가
<"쉬바"라는 광대무변(廣大無邊)한 "**의식(意識)의
공간**"을 재인식(再認識)하는 것>을 말한다.

그것은 또 본질에서, 수행자 자신의 의식의 공간
이다.

그것은 **아드바이타**[불이(不二)]로, 이원론이 아닌
일원론이다. 또 이는 수행자의 모든 **두카**[괴로움]를
고요하게 하는 <지고(至高)의 **기쁨**>이다.

<나 자신의 본성>인 바로 그 **샹카라**에게 우리는
찬미를 올린다. 여기서 **찬미(讚美)**는 <쉬바를 우주
**전체보다 더 낮다고 여기는 것으로, 우리가 그의
존재 안으로 들어가는 것**>을 의미한다.

이 경전은 <그의 존재 안으로 들어가는 것, **그와
동일시(同一視)되는 것**이, 삶에서, 해방의 진정한
상급(賞給)>이라고 가르친다. **찬미(讚美)**[스투마]가
복수(複數)로 쓰인 것은 <은혜를 받을 만한 가치가
있는 모든 이>에게 이것을 전한다는 것을 뜻한다.

탐은 <그의>의 뜻으로, 1절 전반부 "**(그의) 눈을
뜨고 감는 것으로 세계가 사라지고 나타나며**"에
암시된 그의 유일성(唯一性)을 확보하는 말이다.

이제 <**하나님**>이신 위대한 **주(主)**는, <**절대 자유
[스와탄트리야]**>를 갖고, **파라 샥티**로, 그 자신을
<**아라니["나"]**>와 <**비사르가[창조(創造), "이것"** 즉
대상(對象)인 세상]>의 두 극(極)으로 드러낸다.

또 지복(至福)의 덩어리로 항상 **번쩍**이고, 그의
핵심은 모든 문자(文字)[소리와 말]의 최고 의미인
<완전한 **나-의식**>으로 구성된다.

"**나**"라는 말의 **산스크리트어 "아함[Aham]"**은
아[A]에서 **하[ha]**까지 **산스크리트 알파벳**의 모든
문자로 구성됨을 말한다.

그러므로 **주**의 <**스와탄트리야 샥티[절대 자유의
힘]**>를 "**스판다**"라고 한다. [샥티이므로 그녀라고,
여신(女神)이라고 부르자.] 이 힘은, **주(主)**로부터
다른 것이 아니지만, <마치 **거울 속의 도시처럼**>,
<**그 자신의 배경(背景) 안에서**> 계속해서 현현과
유지, 철수의 순환 전체를 선사(膳賜)한다.

그녀가 외적인 어떤 것이 아니지만, **마치 수많은
다수(多數)인 것처럼** 그녀 자신을 보여주는 것은 더
많은 논증이 있을 것이다.

<부동(不動)이면서 또 의식의 본성>인 **주**의 이
샥티는, **킨칫 칼랏타** 즉 <미묘한 운동>을 나타내는
어근(語根)의 의미와 일치하여 "**스판다**"로 알려져
있다.

["스판다"의 어근은 <약간의 움직임을 갖는>의 의미를 갖고 있다. 그러나 **주**는 **아칼라**[부동]이기 때문에, 움직임은 그에게 적용될 수 없다. 그러므로 **스판다**라는 말이 **쉬바**에게 적용될 때는, <창조적 박동>, <신성의 활동>, <생명의 고동>, <역동성>의 비유적(比喩的) 의미로 취해야 한다.]

그렇게 **주**의 핵심적 본성은 <영원한 **스판다**>로, <**신성의** (영원한) **창조적 박동**>이다. 그는 스판다 **없이는 결코 있을 수 없다!**

어떤 이들은 최고의 실재가 그 활동성이 조금도 없다고 한다. [**베단타**는 **브라흐마**가 어떤 활동성도 없는 순수하고 고요한 의식이라고 주장한다.]

그러나 활동성이 결여된 그런 <최고의 실재>의 경우라면, 이 모든 것[우주]은 **주** 혹은 <창조적인 힘>이 없이 있을 것이다.

그러나 **바수굽타**는, 바로 우리의 본성은 <스판다 **샥티**로 가득한 **샹카라**[쉬바]의 본성>과 동일하고, 또 그 **스판다 샥티**는 <약동(躍動)하는 빛>인 것을 말하기 위해, 이 경전을 썼다.

그러므로 그 이름이 **스판다 카리카**인 것은 아주 적절한 것이다.

눈을 뜨고 감는 것으로
세계가 사라지고 나타나며,

잘 아는 대로, <눈을 뜨는 것>을 운메샤라 하고,
<눈을 감는 것>을 니메샤라고 한다.

스판다 샥티는 <나-의식>의 지복으로 구성된다.
그것은 그 가슴에서 창조와 용해의 끝없는 순환이
있고, <순수한 것>과 <불순한 것>의 세계 전체를
구성하고, 주체와 대상의 제한과 확장을 나타내는
특성이고, <모든 비교(秘敎) 지식>의 존경을 받을
가치가 있고, <방사(放射)와 흡수(吸收)>의 성격이
동시적(同時的)이다.

<똑같은(동일한) 그 스판다 샥티>가, 쉬바에서
프리트비까지 <먼저 나타난 범주들의 철수의 견지>
에서는 <흡수의 단계[니메샤]>를 구성하지만, <이제
막 생겨나려고 하는 현현의 측면>에서는 <나타남
혹은 확장의 단계[운메샤]>를 구성한다.

[바다의 <파도가 일어나고 또 가라앉는 원리>를
생각해 보라.]

그러니 <우주의 가라앉는 단계[니메샤]>가 <의식
(意識)의 나타남[운메샤]>을 구성하고, 또 <의식의
가라앉는 단계>가 <우주의 나타나는 단계>를 구성
한다.

(카시미르) 전통의 어떤 경전도 말한다.

"**여신**[즉 <창조적인 힘>]은 항상 <현현의 맛>을 즐긴다. [그녀의 에너지를 현현하는 데 쓴다.]
그러나 항상 배가 부른 것으로 보인다. [그녀의 에너지는 결코 고갈되지 않는다.]
그녀는 **의식**(意識)이라는 대양의 <물결>이고,
주(主)의 <**의지**(意志)**의 힘**>이다."

그 <**의지**(意志)**의 힘**>, <**절대 자유의 힘**>으로,
<**하강**(下降)[외향(外向)]**의 과정**>에서

(1) 쉬바
(2) 만트라마헤슈와라
(3) 만트레슈와라
(4) 만트라

(5) 비갸나칼라
(6) 프랄라야칼라
(7) 사칼라

라는 각 <주체(主體)의 역할>과
각 주체에 적합한 <대상(對象)들의 역할>을 떠맡은
위대한 <영광의 **주**(主)>는,

그의 **본성**을 감추는 <**놀이**[릴라]의 **방식**>으로,
<**선행(先行)하는 것**>을 억누르는 것으로 <**다음의
것**>을 드러낸다.

또 <**선행하는 것**>(이 억눌려, 사라지는 것 같은
일)은 <**다음의 것**>을 위한 **토대(土臺)**가 된다.

그러나 그[주]는 <**상승(上昇)**[내향]의 **과정**>에서,
[**갸나 요기**(지혜의 요가 수행자)들의 경우에서는]
그 <**다음의 것**>을 **제거하는 것**으로 <**선행하는
것**>을 **드러낸다.** 그러므로 그는, 그들에게 그들의
제한을 포기하게 만드는 것으로 <선행하는 것들>
안에서, 발달된 형태로 <다음의 것>을 보여준다.

또 (하강의 순서에서는) 그들의 더 높은 상태를
억압하는 것으로, 제한된 형태로 <선행하는 것>을
보여준다.

그러므로 그는 "<**모든 것**>은 <**다른 모든 것**>의
본성(本性)의 것"으로 보여준다. 우리의 일반적인
<모든 것은 각각 다르다>는 인식은 단지 그에 의해
나타나게 된 <**제한(制限)**> 때문이다.

이 경전은 이런 <[모든 것이] "다르다"는 개념>을
부수기 위한 것이다.

눈을 뜨고 감는 것으로

여신(女神)의 **의식은 <나타냄[운메샤]>과 <가림 [니메샤]>의 성격이 동시적(同時的)인 것이다.**

그녀가 "저것은 푸르다"와 같은 외부적인 인식과 "기쁘다"와 같은 내면적인 인식을 <나타내는[갖는]> 동안, 그녀는 <인식(認識)하는 자>인 그녀의 본성을 억압하고[가리고], 또한 먼저 인식한 것인 "노랗다" 등의 억압도 일으킨다.

우리가 <윤회하는 존재계>를 끝내기 위해서는, **<여신의 의식[프라티바]>을 상세히 이해해야 한다.** 그녀는 <계시(啓示)[운메샤]와 은폐(隱蔽)[니메샤]> 둘 다의 동시적(同時的)인 것이고, 그것은 또 **우리 자신의 경험에서도 명백한 것이다!**

프라티바는 파라-삼빗(지고한 신성의 의식)이다. 그 안에는 모든 소리, 문자 등이 있고, 또 주체와 대상의 그 끝없는 다양성이 있다.

그것이 **칼라타**가 운메샤와 니메샤를 [분리하지 않고] "단지 **<의지의 힘>으로**"라는 한 단어로 설명 하는 이유다.

이런 요지를 준비한 **바수굽타**는 3장 9절에서, <다음의 생각>이 일어나는 원인인 <이전의 생각>이 그치는 것을 **"운메샤"**여야 한다고 한다. 왜냐하면 <이전의 생각>이 그치지 않는다면 <다음의 생각>이 일어난다는 것은 불가능하기 때문이다.

한 생각으로 점유된 마음에서
<다른 것>이 일어난다.
그것은 "운메샤"로 알려져 있고
스스로 경험해야 한다.

　3장 14절 또한, <사고(思考) 구조물>이 일어나는
것의 진정한 함의(含意)는 <불멸의 지복(至福)>의
동시적인 사라짐을 말한다. 이것도 다음에 더 밝힐
것이다.

묶인 자에게 생각이 일어나는 것은
곧 불멸의 지복이 사라지는 일이다.
생각으로 그는 절대 자유를 잃는데,
생각의 영역은 감각의 대상에 있다.

　"<제한된 경험적 개아>에서 <생각과 느낌> 등이
일어나는 것은 동시에 지고한 **불멸(不滅)의 지복이
사라지는 것**을 나타낸다. 그것 때문에 개아는 그의
스와탄트리야 즉 <**절대 자유**[독립성]>를 잃는다.
우리에게 <경험적인 개념[**생각**]>이 일어나는 것은
단지 <탄마트라 영역의 경험[즉 소리, 감촉, 형태
(색깔), 맛, 냄새의 경험]> 뿐이다."

　1장 9절 또한 말한다.

마음의 동요(動搖)가 사라질 때
그때 <지고(至高)의 상태>가 있다.

"마음의 동요(動搖)가 그치는 형태로의 <니메샤[사라짐]>는, 동시(同時)에 <지고(至高)의 상태>의 <운메샤[나타남]>"라는 것을 명확히 한다.

그러므로 <똑같은 힘(力)>이, 이중의 면을 갖고, 때로는 운메샤[나타남]의 측면이 현저하고, 때로는 니메샤[사라짐]의 면이 현저하다.

이와 비슷한 것은 우리가 <도교(道敎)의 상징>인 <태극(太極) 문양(文樣)["☯"]>에서도 볼 수 있다.

눈을 뜨고 감는 것으로
세계가 사라지고 나타나며,

그러므로 위의 1절 전반부는 이런 의미다.

"<창조하는 일>에 현저하고, <그(쉬바)의 본성을 감추는 일>에 분주한, 그의 **샥티**[신성의 힘]는 우주 현현의 원인이다.

[여기서 우주는 **쉬바**에서 **프리트비**까지의 현현을 말한다. 그것은 신성의 핵심인 <단일성(單一性)> 즉 <하나임>을 사라지게 하는 <다양성(多樣性)>으로 구성된다.]

똑같은 그 **샥티**가 <외향성[창조]을 가라앉히는 일>이 현저하고, <**그(쉬바**)의 본성을 나타내는 일[운메샤]>에 분주하게 되면, 우주는 용해된다.

[즉 신성의 단일성이 출현하고, 세계의 다양성은 사라진다.]"

그러므로 경문의 해석은 "한쪽 견지(見地)에서의 <사라짐[흡수]>은 곧 다른 쪽 견지에서는 <나타남[현현]>이고, 한쪽의 <나타남>은 곧 다른 쪽에서는 <사라짐>이다."는 것을 말하고 있다.

그러나 <**실재(實在)>에 있어서는, 아무것도 일어나지 않고 아무것도 사라지지 않는다.**

그것은 단지 신성의 스판다 샥티[**신성의 창조적 박동**]일 뿐이다. 그것은 연속성(連續性)에서는 자유롭더라도, 마치 번쩍이는 것 같고 마치 가라앉는 것 같이 다른 면으로 나타난다.

스티티[세계 과정의 유지], 빌라야[본성의 은폐], **아누그라하**[은혜]는 <흡수>와 <현현>이라는 특별한 형태일 뿐이다. 그러므로 **신성의 다섯 행위는 단지 프랄라야[흡수]와 우다야[현현]에 포함되어 있다.**

단지 1절만의 주석인 **스판다** 산도하에서 이런 식으로 논의되었다고 한다.

ꊢ

여기서 이런 생각[반론]이 일어날 수 있다.

"**마하나야** 경전에 의하면, 우주의 현현과 흡수 등의 행위들은 **스리슈티** 등의 여러 여신(女神)들에 의해 생겨난다. 그런데 어떻게 ("**그**"의) **눈을**이라고 단수(單數)로 말하는가?"

[**마하나야**는 7세기 말과 8세기 초 **카시미르**에서 일어난 <**크라마** 학파[교설]>를 말한다.
잘 아는 대로, 이전 **쿨라** 학파와 **크라마** 학파는 나중 **스판다**와 **프라탸비갸**로 통합(統合)된다.]

이런 질문을 위해 경문은 말한다.

"<**신성의 여러 에너지**>**의 근원인 샹카라**"라고.

ꊢ   ꊢ   ꊢ

(1) <**신성의 여러 에너지**>**의 근원** 즉
    <**샥티-차크라-비바와-프라바와**>의 첫째 해석

샥티 차크라는 스리슈티, 락타 등의 12 신성의
집합 전체를 말하고,

비바와는 <창조(적 활동성)>와 <유지>, <흡수>
그리고 <정의(定義)할 수 없는 상태>의 형태로 그
집합 전체의 행위[**놀이**]를 의미하고,

프라바와는 원인(原因)을 뜻한다.

그러므로 **샥티 차크라 비바와 프라바와** 전체의
뜻은 "**12 신성(神性)[칼리]의 <창조적 활동성> 등의
원인**"을 말한다.

**12 칼리[여신(女神)]는 <크라마 전통>의 특별한
것이다.** [칼리보다는 카알리가 더 정확할 것이다.]

처음 넷은 <대상(對象)과 관련한 힘>이다.

1) **스리슈티 칼리** :
   대상(對象)[프라메야]과 관련한 **창조**의 힘.
2) **락타 칼리** :
   다섯 감각을 통한 대상 세계의 **유지**의 힘.
3) **스티티나샤 칼리** :
   대상 세계의 **철수**의 힘.
4) **야마 칼리** :
   대상적 경험에 관한 <**정의(定義)할 수 없는
힘**>을 말한다.

다음 넷은 <지식(知識)과 관련한 힘>이다.

 5) 삼하라 칼리 :

　　대상[프라메야]은 사라지고, 그 (대상에 관한) 지식(知識)[프라마나]이 나타날 때이다. 이는 <지식 [프라마나]의 단계>에서 스리슈티[나타남]이다.

　　스티티나샤 칼리의 경험은 "나는 그것을 안다." 이지만, 삼하라 칼리에서는 "그것은 나와 다르지 않다."이다.

 6) 므리튜 칼리 :

　　대상 세계의 <남은 흔적>까지도 삼킨다. 이는 <지식[프라마나]의 단계>의 스티티[유지]다.

 7) 바드라 칼리 :

　　다른 대상들이 다른 형태로 녹는 것을 말한다. <지식[프라마나]의 단계>의 삼하라[철수]다.

　　루드라 칼리라고도 한다.

 8) 마르탄다 칼리 :

　　마르탄다는 태양(太陽)을 말한다. <12 기관>이 대상에 빛을 비추는 한 그것은 태양과 같다.

　　<12 기관>은 다섯 감각 기관과 다섯 행위 기관과 마나스와 붓디다.

이들은 오직 **아함카라** 즉 <에고의 느낌>과 관련할 때만 작동한다. 그녀는 그 <에고의 느낌>에서 <12 감각>의 용해를 일으킨다.

지식[**프라마나**]과 관련한 **아나캬** 힘을 나타낸다. 즉 그 <에고의 느낌>에서 <정의(定義)할 수 없을 만큼> <12 기관>의 용해를 일으키기 때문이다.

마지막 넷은 <주체(主體)와 관련한 힘>이다.

9) **파라마르카 칼리** :
<제한된 주체>와 관련한 **스리슈티**[나타남]의 힘이다. **아함카라**[에고의 느낌]의 용해로 인해 이 <제한된 주체>가 나타난다. 여기 <제한된 주체>는 우리가 보통 말하는 <제한된 주체>가 아니다.

대상과 감각의 제한은 없지만, 아직 **<파슈 혹은 아나바 말라의 제한>**을 유지하는 자다.

10) **카알라-아그니-루드라 칼리** :
<제한된 주체>가 <우주적인 나>와 동일시될 때이다. 이는 <제한된 주체>와 관련한 **스티티**[유지]의 힘이다.

카알라-아그니는 <시간의 불>이고, <우주적 나> 안에서 <제한된 주체>를 녹인다. 그 경험은 "나는 이 모든 것이다."이다.

그녀는 **마하칼리**[<큰 시간>이란 뜻]라고도 하는데, **카알라** 즉 시간을 포함한 모든 것을 그녀 안에 두기[유지하기] 때문이다.

11) **마하칼라 칼리 :**

<이것>의 반대쪽에 위치한 <나>를 용해한다. 그 <완전한 **나**>는 대상성(對象性)의 모든 관계에서 자유롭다.

이것은 <제한된 주체>와 관련한 **삼하라**[철수]의 힘을 말한다.

12) **마하바이라바-고라-찬다 칼리 :**

언어의 모든 묘사(描寫)를 초월하는 <**파라-삼빛 상태**>를 뜻한다. 그러므로 그것은 **정의(定義)할 수 없는** <**아나캬의 단계**>, <**아쿨라의 단계**>이다.

<주체[프라마타]>, <대상[프라메야]>, <지식[프라마나]>의 모든 상태가 <**나-의식**> 안에 용해된다.

이것은 또한 **파라, 지고(至高)**로 부른다. 이전의 모든 상태가 그녀의 현현이기 때문이다.

<대상>, <지식>, <주체>의 모든 상태를 녹이기 때문에, **마하바이라바-고라-찬다 칼리**라고 부른다.

찬다는 <대상[프라메야]의 영역>과 관련이 있고, **고라**는 <지식[프라마나]의 영역>을 포함하고, **마하바이라바**는 <주체[프라마타]>를 암시한다.

이들 <여신 집단>의 주(主)인 **만탄 바이라바**를 포함하는 이들 신성은, 우주의 유지 등의 활동을 한다. 이것은 성스러운 전통이 말하는 바다.

만탄 바이라바는 <모든 것이 궁극적으로 쉬는 곳>을 말한다. [**쿨레슈와라**라고도 한다.]

이런 생각이 떠오른다.

"그가 우주의 현현, 철수 등의 원인이 된 이유는 무엇인가?"

그 답이 두 번째 해석이다.

(2) **<신성의 여러 에너지>의 근원**의 둘째 해석

대상의 세계는 단지 <현현(顯現)되는 것>으로, 즉 <나타나는 것>으로 존재한다. 그리고 <나타난다는 것>은 그것이 곧 **프라카샤** 즉 **빛**인 것을 의미한다. [또 **프라카샤**(빛)는 곧 **의식**(意識)이다.]

웃팔라데바는 말한다.

"존재계 전체는 외부로 나타난다. 그것이 이미 **주**의 **참나** 안에 존재하기 때문이다.

<존재계 그것이 그의 안에 존재하는 것 없이는>, 나타나려는 어떤 욕망[의향]도 없을 것이다."

샥티 차크라는 <에너지의 집합체>로 묘사된다. 왜냐하면 그것은 이미 <내면의 **지고의 빛**>과 동일하게 존재하기 때문이다. 경전에서, <**지고(至高)는 무한한 힘을 가지고 있다**>고 선언하는 이유도 바로 이 때문이다.

프라바와는 원인을 의미하고,

비바와는 <에너지 집합체>의 무한하게 다양한 <연결>과 <비(非)-연결>을 의미한다. 그들의 최고 존재 이유는 현현에 있다.

그러므로 <**신성의 여러 에너지**>의 **근원**은 곧 <에너지 집합체의 무한히 다양한 연결과 비-연결의 원인>을 의미한다. 그러므로 **주가**, <의식의 본성의 것이고, 그의 안에서 그와 동일하게 존재하는 모든 대상적 현상>을, <서로 연결되고 또 연결되지 않는 여러 방법에 의해> 우주의 유지와 흡수를 일으키는 **원인이다**.

칼라타도 똑같은 것을 말한다.

"(**그는**) **샥티** 집합체의 영광스런 힘이 나타나는 원인이다. 그 힘은 **의식**의 본성의 것이다."

위의 두 가지 해석은 그의 주석과 일치한다.

(3) <신성의 여러 에너지>의 근원의 셋째 해석

(카시미르 전통의) 어떤 경전은 말한다.

"그[쉬바]의 힘은 <세계 전체>를 구성한다."

바수굽타도 2장 4절에서 말한다.

**그러므로 말이든 대상이든 생각이든
<쉬바가 아닌 상태>는 없다.**

그러므로 샥티 차크라[<신성의 여러 에너지>]는
세상(世上)을 나타낸다.

(4) <신성의 여러 에너지>의 근원의 넷째 해석

비의적(秘義的)인 가르침에서,
"케차리의 상위(上位) 과정에 존재하는 **공**(空)은
<바메슈와리의 영역>이다."라는 말은
그 <(1) **바메슈와리**와 (2) **케차리**, (3) **고차리**,
(4) **딕차리**, (5) **부차리**의 그런 **샥티**의 집합체>를
의미한다.
이것은 『프라탸비갸 흐리다얌』에서 다룬 것이다.
복습(復習)한다.

(1) 바메슈와리 :

이들 **샥티**의 전체를 통할하는 신성이다. "바마"라는 말은 동사 "**밤**[토하다, 내뿜다, 분출하다]"과 관련이 있다. **샥티**를 **바메슈와리**라고 부르는 것은, 그녀가 우주를 <**절대**(絶對)>의 밖으로 내뿜고 투사하기 때문이다.

바마는 "왼쪽의, 역행의, 대조되는, 반대의"라는 의미도 있다. **샥티**를 **바메슈와리**라고 부르는 것은, **쉬바** 상태의 단일성(單一性)의 의식이 있는 동안도, **삼사라** 상태의 "대조적인[반대의]" 조건이 일어나기 때문이다. 즉 다양성(多樣性)의 의식이 있다.

(2) 케차리 :

수행경 『**쉬바 수트라**』에서도 설명했다. **케차리**는 "**카**" 즉 **의식**이라는 공간에서 움직이는 **샥티**이다. 이것은 **프라마타** 즉 <주체>, <경험자> 안에 거(居)한다. 이것은 <순수하게 된 경험자>를 해탈과 신성 쪽으로 이끈다. 그러나 **마야**의 영향 아래에 있는 자들을 묶는다.

(3) 고차리 :

"**고**"는 **안타-카라나** 즉 내부의 기관의 상징이다. <정신 기구>인 **붓디**, **아함카라**, **마나스**는 고차리 **샥티**의 영역에 있다.

(4) 딕차리 :

"딕" 혹은 <외부의 공간>에서 기능하는 **샥티**를 말한다. <외부적인 감각들>은 공간의 의식과 함께 행하게 된다. 그러므로 외부적인 감각들은 **딕차리 샥티**의 영역이다.

(5) **부차리** :

<외부의 대상>과 함께 행하는, 혹은 색깔, 형태 등의 <대상적인 현상>과 함께 행하는 **샥티**다.

경험적인 개아의 <경험자>, <정신 기구>, <감각 및 행위 기관>, <대상적 세계>는 이들 **샥티**의 표현이다.

바수굽타는 1장 20절에서 강조한다.

<깨어 있지 못한 사람들>의 본성에
항상(恒常) 덮개를 씌우는 이것들은
끔직한 윤회계의 대양으로 밀어 넣는다.
거기에서 그들을 끌어내는 것은 어렵다.

위의 두 가지 해석에서 보듯이, **샥티 차크라**는 다양한 **샥티**들의 **그룹**을 말한다.

(5) <신성의 여러 에너지>의 근원의 다섯째 해석

<이 감각 군(群)>은
지각(知覺)이 없으나 있는 것처럼
<내면의 힘>을 따라
가고, 머물고, 돌아온다.

"<이 감각 군(群)>인 <행위, 감각, 내부의 기관>들은 <내면의 신성의 힘>을 따라 가고, 머물고, 돌아온다."(1장 6절)에 따르면, 샥티 차크라는 곧 <감각(感覺) 그룹>을 말한다.

(6) <신성의 여러 에너지>의 근원의 여섯째 해석

"그 힘을 의지하는 만트라"(2장 1절)에 따르면, 샥티는 <영원한 만트라[니탸 만트라]>를 의미한다.
<영원한 만트라>는 항존(恒存)하는 신성(神性)의 <나-의식>을 말한다.

(7) <신성의 여러 에너지>의 근원의 일곱째 해석

"<말로부터 일어나는 힘>"(3장 13절)에 따르면, 샥티는 <브라흐미 등의 신성>을 나타낸다.
<말을 통할하는 신성(神性)>은 다음과 같다.

[<보다 자세한 것>은 3장 13절의 설명 참고.]

1) 아 행(行)[모음] : 요기슈와리, 마하략슈미
2) 카 행 : 브라흐미
3) 차 행 : 마헤슈와리
4) 타 행 : 카우마리
5) 타 행 : 바이슈나비 (* 위의 타와 다르다.)
6) 파 행 : 바라히
7) 야 행 : 아인드리, 인드라니
8) 샤 행 : 차문다

프라바와라는 말은 <자유인 자(者)>를 의미한다. <[언어 즉 마음을] 지배하는 자>, <힘이 있는 자>를 말한다. 동물처럼 다른 사람에게 의존하지 않는다.

(8) <신성의 여러 에너지>의 근원의 여덟째 해석

"그의 프라바와 즉 우다야 혹은 나타남, 현현이 비바와 즉 <빛 덩어리의 내적인 펼쳐짐[즉 감각의 신성]>으로 일어나는 자"라는 뜻으로, 즉 <감각의 내적인 발달로 나타나는 샹카라>로 풀 수도 있다.
그 의미는 "지고의 주(主)를 재인식(再認識)하는 것은 <[자신의] 내적 본성을 인식(認識)하는 수행에 의해> 노력 없이 일어난다."는 것이다.

눈을 뜨고 감는 것으로
세계가 사라지고 나타나며,
<신성의 여러 에너지>의 근원인
샹카라에게 찬미(讚美)를

　　<내면에 있는 것은 곧 외부에도 있다>는 견해에
따르면, <눈을 뜨고 감는 것>으로[즉 <그의 본성을
드러내고 감추는 것>으로], <우리의 몸[소우주]>이
연속적으로 사라지고 나타나는 일은, 외부 우주와
관련해서도 생긴다.

　　1절 전체를 이렇게 읽을 수도 있다.

　　"우리는 찬미하노라.
　　참나인 샹카라[쉬바]
　　즉 <은혜의 존재>를.

　　그[하나님, 존재계]는
　　<헌신(獻身)하는 자>에게
　　<지고(至高)의 의식(意識)>으로
　　<위대한 영광[샥티-차크라-비바와]>의 본성을
　　<계시(啓示)하는 자[프라바와-프라카샤카]>다."

아니면 이렇게 해석할 수도 있다.

"우리는 **샹카라**를 찬미한다. 그는 여신인 **의식**의 위대함의 원인이다. 그 여신은 우주의 현현 등을 일으키는 **운메샤**와 **니메샤**와 동일하다.
　그 **샹카라**는 곧 **참나**인데, **운메샤** 즉 외향성으로 세계의 현현이 있고, **니메샤** 즉 내향성으로 세계의 사라짐이 있다. 지고의 **주**는 몸 등에 들어가서도 감각을 열고 닫는 것으로 세계의 현현과 사라짐을 일으킨다."

이것은 **웃팔라데바**의 말에도 나타난다.

"실제의 생활에서, **주**는 그의 **자유 의지 때문에**, **마야 샥티**의 형태로 몸속에 들어간다.
　그리고 **그의 의지로**, 그의 내면에서 빛나는 여러 대상들을 외부로 현현한다."

☯

사람들이 <위와 같은 방식[해석]으로> 이 경문의 의미를 알도록 하기 위해, **바수굽타**는 "그의 절대 자유의 힘으로"라는 말을 사용하지 않고, "**(그의) 눈을 뜨고 감는 것으로**"라는 말을 썼다.

이런 까닭에 "샹카라에게 찬미를"은 사마베샤 혹은 <그를 꿰뚫는 일>을 말한다. 이것이 성취해야 할 무엇으로, 우리가 논의하는 <주제(主題)>이고, 또 <목표(目標)>다.

<샥티 차크라 비바와 프라바와> 구절을 "그의 나타남은 샥티 그룹의 내적인 펼쳐짐으로 인한 것이다."로 해석하면, <샥티 그룹의 펼쳐짐>이 목표 획득의 <수단(手段)[방법]>이라는 말이 된다.
[저 스콜라 철학의 아날로기아 엔티스 말이다.]

아니면 위 구절을 헌신자에 대한 "지고의 의식의 여신의 영광의 계시자"로 해석하면, <그 열매>에 관련된다.

바수굽타가 마지막에 말하듯이, "그때부터 샥티 전체의 주(主)가 된다."(3:19) 따라서 책의 주제와 그 방법의 연결은 그 끝[우페야]과 방편[우파야]의 연결이다. 경문은 간단히 <주제>, <방법>, 그리고 <그 열매[상급(賞給)]>를 말하고 있다.

☯   ☯   ☯

눈을 뜨고 감는 것으로
세계가 사라지고 나타나며,
<신성의 여러 에너지>의 근원인
샹카라에게 찬미(讚美)를

산스크리트어의 운메샤와 니메샤는 아주 많은
뜻을 갖고 있다. 아마도 다른 언어권에서는 그것을
한 단어만으로는 표현할 수 없을 것이다. 그러므로
문맥에 따라 다른 말로 번역해야 할 것이다.

스판타 카리카는 <쉬바[의식]는 변함이 없으며
하나인 것을 증명하려는 것>이다. 그러면 어떻게
그의 상호 모순되는 두 가지 면, 운메샤와 니메샤
[나타남과 사라짐, 현현과 흡수]를 첫 절에서 언급
하고 있는가? 왜 그런가?

그 대답은 그것이 오직 스와탄트리야 때문이라는
것이다. 쉬바의 자유 의지가 현현과 흡수 둘 다를
일으킨다는 것이다. 운메샤와 니메샤는 <연속적인
것>을 나타낸다. 연속적인 것은 시간을 의미한다.
그러나 쉬바는 시간 너머에 있다. 그러니 운메샤와
니메샤를 <연속적인 순서>로 취급해서는 안 된다.
그것은 단순히 신성의 잇차 샥티의 두 가지 표현일
뿐이다.

크세마라자는 잇차 샥티의 다른 이름이 많다고
한다. 즉 스판다, 스푸랏타, 우르미, 발라, 우됴가,
흐리다야, 사라, 말리니, 파라 등이 잇차 샥티의
동의어다. 그는, <동시적으로 운메샤와 니메샤인
것>은 오직 스판다 샥티뿐이라고 한다.

운메샤와 니메샤 즉 <나타남과 사라짐>은 둘 다
동시적(同時的)으로 신성의 잇차[의지]를 나타낸다.
그것은 <두 가지의, 서로 다른, 반대적인 원리>가
아니다. 한 가지 관점에서 니메샤인 것이 동시에
다른 관점에서는 운메샤다.

예를 들어, <세상의 사라짐[니메샤]>은, <세상은
쉬바와는 아주 다른 무엇이라는 생각의 사라짐>은
동시에 <쉬바의 본성[의식]이 나타남[운메샤]>으로
된다.

그리고 <쉬바[의식]가 숨는 것[니메샤]>은 동시에
<세상이 쉬바와는 다른 어떤 것으로 나타나는 것
[운메샤]>이다.

크세마라자는 한 관점의 운메샤가 동시에 다른
관점에서는 니메샤인 것을, 많은 예로서 설명한다.
그리고 그 역(逆)도 같다.

그는 이렇게 결론짓는다.

"**실재(實在)**에 있어서는, 아무것도 일어나지 않고 아무것도 사라지지 않는다.

오직 신성의 **스판다 샥티**가, <연속성의 자유를 통해>, 마치 일어나고 마치 가라앉는 것처럼, 다른 면(面)으로 - 시각(視角)의 차이로 - 나타난다."

크세마라자는 **니메샤**와 **운메샤**의 다른 중요한 개념을 말한다. 그것은 <전개(展開)의 철학>이다. 전개는 두 가지 면을 갖고 있다.

신성으로부터 경험적 개아로, **의식에서 물질로**의 <**하강의 국면**[아바로하-크라마, 니메샤]>과

경험적 개아에서 **쉬바-프라마타**까지, 무의식적인 물질로부터 **삼빗**[신성의 **의식**]으로의 <**상승의 국면**[아댜로하-크라마, 운메샤]>.

스판다 카리카를 포함한 모든 경전들의 목적은 어떻게 이 경험적 개아가 **쉬바-프라마타**까지 오를 수 있는지를 보여주는 것이다.

<**쉬바-의식**>은 우페야[목표]이고, 경전에서 추천 하는 방법[우파야]들은 그 목표[우페야]에 이르는 방편[우파야]들이다.

<**샥티-차크라-비바와-프라바와**>는 여러 관점에서 해석(解釋)되었다. 그것은 조심스럽게 새겨야 할 것 이다.

라마칸타와 웃팔라 밧타는 프랄라야와 우다야는 책에 주어진 순서대로 운메샤와 니메샤에 일치하는 것이 아니라, 우다야는 운메샤와 또 프랄라야는 니메샤와 일치할 수 있다고 한다.

"운메샤[나타남] 쪽으로 그 기울어짐이 있을 때, 거기에는 우다야 즉 세상의 나타남이 있고,
또 니메샤[숨김] 쪽으로 그 기울어짐이 바뀔 때, 거기에는 프랄라야 즉 세상의 사라짐이 있다."

크세마라자는 프랄라야와 우다야를, 라마칸타와 웃팔라 밧타의 주장처럼 다른 순서로도, 책에 있는 순서로도 취급한다.
다른 순서로 취급할 때, 그 의미는 위에서 말한 것처럼 될 것이고, 책의 순서를 취할 때, 그 의미는 다음과 같을 것이다.

"신성의 본성(의식)의 드러남[운메샤]이 있을 때, 거기에는 세상의 사라짐[프랄라야]이 있고,
또 신성의 본성[의식]의 감춤[니메샤]이 있을 때, 거기에는 세상의 나타남[우다야]이 있다."

앞의 것은 운메샤와 니메샤라는 말을 <쉬바의 샥티[즉 세상]>와 관련하여 말한 것이고,

뒤의 것은 <쉬바의 스와루파[본성(本性), 신성(神性)]>와 관련해서 말한 것이다.

이 책은 시집(詩集)도 또 <학술적인 철학서적>도 아니다. **이 책은 <인간의 본성을 신성하게 하려는, 인간의 본성을 정화(淨化)하고 성화(聖化)하려는> 실제적인 목적을 위한 철학[신학(神學)]이다.**

그러면 **샹카람 스투마** 즉 <**(우리가) 샹카라에게 찬미를>**의 정당한 가치는 무엇인가?
모든 주석자들은 여기의 **스투마**는 **사마비샤마** 즉 "우리가 <나 자신>을 **그의 본성(本性) 속으로 들어가게 해야** 한다.", "우리가 <나 자신>을 **그의 본성(本性)과 동일시(同一視)해야** 한다."는 것으로 여긴다. [이것이 인도 특히 **카시미르 쉐이비즘**에 속하는 주석자들의 수준이다!]

크세마라자는 그것을 이렇게 말한다.

"우리는 <(이 세상에서) 우리의 떠맡은 역할[페르소나]의 상태>를 지우는 것으로 그와 연합된다.
이 책은 **그와의 동일시(同一視)가** 우리의 삶에서 해방의 진정한 상급이라고 가르친다."

여기서 이런 생각이 떠오른다.

"**샹카라** 같은 그런 진정한 존재의 증거(證據)는 무엇인가? 또 어떻게 물질 등의 어떤 수단도 없이 세상을 창조할 수 있는가?
만약 그가 <물질적인 원인>이기를 떠맡았다면, 그러면 세상의 창조 뒤에는 사라지는 것인가? 마치 <진흙덩이>는 항아리가 창조된 뒤 사라지듯이.

만약 주(主)의 나타남과 사라짐 둘 다가 있을 수 있다면, 그러면 그것은 그 본성에 다양성(多樣性)을 줄 것이고, 또 사라짐 뒤에는 그의 재출현에 대한 어떤 이유를 생각해야 하고, 그러면 <세상의 창조>에서 이원성(二元性)의 가능성이 있을 것이다."

이런 생각을 일격(一擊)에 날려버리기 위해……

제 2 장

스와루파 스판다 II

1. <동일(同一)한 경험자(經驗者)>
2. 그것이 <궁극의 실재(實在)>다

< 2 >

<온 세상>이 그 안에서 쉬며,
또 그로 말미암은 것이 아닌가?
아무것도 그의 본성을 가리지 않아
그의 방해물은 어디에도 없다.

< 3 >

<깨어 있을 때>와 또 다른 상태에서도
그는 분리되어 있지 않기에
<동일(同一)한 경험자(經驗者)>로서
결코 그 본성에서 벗어나지 않는다.

< 4 >

"나는 행복하다, 불행하다, 묶여 있다."는
이런저런 인식(認識)들은
<행복한 상태> 등으로 <다른 것> 안에
분명히 한 실로 꿰여 있다.

< 5 >

<고통>도 <쾌락>도
<대상>도 <주체>도 없는 곳
<공(空)>조차도 있지 않는 것
그것이 <궁극의 실재(實在)>다.

< 2 >
<온 세상>이 그 안에서 쉬며,
또 그로 말미암은 것이 아닌가?
아무것도 그의 본성을 가리지 않아
그의 방해물은 어디에도 없다.

Yatra sthitam idam sarvam karyam
　　　yasmat-cha nirgatam
Tasya-anavrita-rupatvan
　　　na nirodhah asti kutrachit

　2절 – 5절은 스판다의 진정한 본성[스와루파]을
<확실한 논증(論證)>으로 확립한다.

　"만물(萬物)이
　주(主)에게서 나오고
　주(主)로 말미암고
　주(主)에게로 돌아감이라."

　"From **Him** and Through **Him** and To **Him**
are all things."

　사도 바울이 쓴 유명한 로마서(書)의 한 절이다.

세상은 **스판다 샥티** 안에 들어 있고, 또 **스판다 샥티**에서 나온다. <**스판다 샥티** 안에 들어 있고 또 그것에서 나온 세상>은 <**쉬바**와는 다른 어떤 것>이 아니다. 자루 안에 있었던 호두는 자루와는 다르다.

"들어 있고" 또 그것에서 "나왔다"는 것은 단지 우리가 사용하는 <**언어의 한계와 불완전함**> 때문일 뿐이다. 세상(世上)이 곧 **쉬바**다. 그것은 <거울에 비친 영상(映像)>이 <거울 그 자체>인 것과 같다.

<주체[아는 자]>, <대상[알려지는 것]>, <지식[앎, 아는 일]>으로 구성되는 **온 세상**은 실제로 **쉬바**를 숨길 수 없다. <**쉬바**의 빛>이 없이는 그들 자체가 나타날 수 없기 때문이다. **온 세상**은, 마치 우람한 **반얀** 나무가 그 씨앗 안에 잠재성으로 존재하듯이, 스판다 샥티 안에 내재(內在)하는 것이다.

<**온 세상**>이 그 안에서 쉬며,
또 그로 말미암은 것이 아닌가?
아무것도 그의 본성을 가리지 않아
그의 방해물은 어디에도 없다.

그인 **샹카라**는 <빛[**의식**]과 **지복**의 덩어리>이고, 모든 사람 (그 자신)의 **존재**(存在)이고 **본성**(本性)이다. 시간과 공간, 형태의 그 **어디에도 그의** 자유로운 진행에 **방해물은 없다.**

아무것도 그의 본성(本性)[스와루파]을 가릴 수 없기 때문이다. 이것이 요지(要旨)다.

예를 들어, 이 세상에서 <프라나[생명력]>, <푸랴슈타카[미묘한 몸]>, <"기쁘다" 등의 내적인 경험>, 또 <"푸르다" 등의 외적인 경험>은 **<의식의 빛>**을 가릴 것이라고 생각될지도 모르지만,

만약 그것이 **빛[의식**, (우리의) 인식] 속으로 들어오지 않는다면 그것은 아무것도 아닌 것이 되고,

만약 그것이 **빛[의식]** 속으로 들어온다면 그것은 단지 **샹카라**의 본성일 뿐이다.

그러면 무엇이 <방해할 수 있는 것>이고, 방해의 의미는 무엇인가?

바수굽타는 **"그의 방해물은 어디에도 없다."**며, 오히려 (우리에게) **"<온 세상>이 그 안에서 쉬며, 또 그로 말미암은 것이 아닌가?"**라고 묻는 말로, <방해[고통, 악(惡)]의 의미>를 말하고 있다.

야트라는 스판다 즉 **참나**인 <**그**[의식] **안에서**>의 뜻이다.

이담 사르밤 카르얌은 <주체[아는 자]>, <지식[앎, 아는 일]>, <대상[알려지는 것]>으로 구성되는 세계 전체 즉 **이** <**온 세상**>을 의미한다.

그러므로 야트라 스티탐 이담 사르밤 카르얌은
"**그 의식 안에서** [<주체> <대상> <지식>으로 구성
되는] **이 세상은 쉰다.**"의 뜻이다.

<**쉰다**[스티탐]>는 것은, <그의 빛에 의해, 그것이
빛 속으로 들어오고, 그 위치를 얻는다>는 의미다.

그러므로 <그런 세상>에 의한 <**그의** 것인 어떤
방해물>이 있을 수 있겠는가? <**그의 방해물**>이란
말에서 보듯, <방해자 그 자체로 여겨지는 무엇>은
결코 나타날 수 없기 때문이다.

[기독교에서 말하듯이, <사탄>이란 어떤 존재가
따로 있는 것이 아니다. 그러면 기독교의 <궁극의
존재>를 나타내는 <**하나님**>이란 말은 어불성설이
되고 만다. 지금 이 땅의 기독교도들과 신학자들은
아마도 <**두나님**>을 믿거나, 아니면 그 둘 중에서
<(**더**) **큰님**> 혹은 <(더) **힘센**님>을 따르고 있는지도
모른다. 생각해 보라.]

하여튼, 다음의 말은 그 의미를 더 나타낸다.

"**그 자신과 동일한 프라나**[생명력]에 의해,
   그의 [것인 어떤] **방해물이 있을 수 있겠는가?**"

(1) 이런 질문이 떠오를 수 있다.

"그것 홀로 <생산된 위치의 빛>을 가질 수 있다. 그러나 그것이 그 무엇에 그 생산을 빚지는가?"

그 대답은 이렇다.

그로 말미암은 것이 아닌가?
"[<온 세상>이] **그로부터** 나온 것이 아닌가?"

우리가 <나 자신의 경험으로 확인[검증]>되었거나 <수많은 수행자[요기]들의 체험, 기억, 꿈, 창조의 견지>로부터 "아는" <이 세상의 원인은 의식(意識) 이라는 것>은 [완전히 무시(無視)하여] 버리고,

<이 세상의 원인은 원자(原子) 등>이라는 학교와 과학의 주장을 - 기독교의 저 <(외부의) 창조자> 주장까지를 포함하여 - 섣부르게 받아들이는 것은 적절치 않을 뿐만 아니라 합리적이지도 않다.

과학(科學)이 말하는 <그런 원인>은 그런 주장을 위한 증거(證據)도 논거(論據)도 될 수 없다. 진짜 <호모 사피엔스[지혜자(智慧者)]>라면 말이다.

<카르야[산물(産物), 결과]>라는 말을 사용하는 것은, 그것이 "**행위자** 즉 <**감각**(생명, **의식**)**이 있는 무엇**>**의 행동으로 생산된 것**"을 말하는 것이지, <감각(생명, 의식)이 없는> [물질적인] 어떤 원인의 결과를 말하는 것이 아니다.

웃팔라데바가 이슈와라-프라탸비갸에서 잘 파악했듯이, "<감각(즉 생명, **의식**)이 없는 경우>에서의 인과관계는 증명(證明)될 수 없다." 그 **인과관계를** <**무생물(無生物)인 것**>이 알 것인가? 이것은 다음 경문(1장 14절)에서 더 명확하게 될 것이다.

스판다는 <두 가지 상태>로 있다.
<행위자 혹은 주체>와 <행위 혹은 대상>.

사르밤[<**온** (세상)>, 모든]이라는 말은 <**행위자 혹은 주체**>는 물질 등에서 독립적이라는 의미다.
예를 들어, 항아리 같은 <창조(創造)된 물건>이 옹기장이 같은 <**행위자 혹은 주체**>의 본성을 감출 수 있는 일은 결코 있을 수 없다.

(2) 이런 질문도 있을 수 있다.

"<나온다[말미암는다]>는 것은 <어떤 것이 이미 그[<다른 어떤 것>] 안에 담겨져 있는 경우>에만 일어날 수 있다. 그러면 이 세상은 시초에 <다른 어떤 것> 안에 이미 담겨져 있었는가?"

아니다. 그것은 <다른 어떤 것> 안에도 담겨져 있지 않았다. 아니, <**참나**라는 **의식(意識)**> 안에 담겨져 있었다. 그것이 "＜온 세상＞이 그 안에서 쉬며"의 의미다. "＜온 세상＞이 그 안에서 쉬며"는 두 번 반복되어야 하고, 그 의미는 다음과 같다.

"만약 이 세상이 **의식** 안에 존재하지 않았다면, ＜'**나**'인 것, **나의 빛**＞으로부터 분화되지 않았다면, 어떻게 그것이 물질 등이 필요 없이 그것으로부터 일어날 수 있겠는가?"

『파라 트리쉬카』는 말한다.

우람한 반얀 나무도 씨앗 안에 잠재성으로 있듯이 그렇게 우주도 ＜가슴의 씨앗＞ 안에 있다.

"저 우람한 반얀 나무도 [처음에는] 그 씨앗 안에 ＜잠재적인 형태＞로 있(었)듯이, 우주 전체가 - 모든 ＜움직이고, 움직이지 못하는 존재들＞과 더불어 - ＜지고(至高)한 것＞의 ＜**가슴의 씨앗**[흐리다야-비자, 'Sauḥ']＞ 안에 잠재성으로 있[었]다."

앞에서 말했듯이 "그것은 이미 **주**의 **참나** 안에 존재하기 때문에", 이 세상은 그 안에서 쉬고 그와 동일성으로 번쩍인다.

그러므로 본성이 **의식**인 **주**는 그의 정수(精髓)를 응고하고 수축하며 이 세상을 출현시켰다. 즉 그는 그의 정수를 물질화하여 세상의 형태를 만들었다.

접사 '**차**'를 '**에바**'로 해석하고 다른 곳에 두게 되면, "오직 <그 안에서 쉬는 것>으로 <나온 이 온 세상>이다."의 뜻이 된다.

(3) 이런 의문도 있을 것이다.

"만약 이 세상이 그 <절묘한 빛의 덩어리>에서 (분리되어) 나왔다면, 그러면 어떻게 그것이 나타날 수 있나? 아무것도 빛 밖으로 나타날 수 없는 것이 아닌가?

어떤 것이 빛에서 '분리되었고', 또 '나타난다'는 것은 모순(矛盾)이다."

그 답으로는 "**또 그로 말미암은 것이 아닌가?**" 또한 두 번 반복되어야 하고, 아래처럼 이해해야 한다.

"그로부터 온 세상이 나왔을 때조차도, 그것은 아직 그 안에서 쉬고 있다."

접사 '**차**'를 다른 곳에 두고, '조차도'의 의미로 해석하면,

"온 세상은, 호두가 자루에서 나오듯이, 나오지
않았다.

오히려 **참나**인 **주**는 - <절대적인 자유를 통해>
<마치 거울 속의 도시(都市)처럼>, 이 세상(世上)을
그 자신이라는 배경(背景)[스크린] 위에 나타낸다.

**<거울 속의 도시>가 그 <거울>과 다르지 않은 것
처럼**, 세상은, 비록 다르지 않지만, 마치 "**그**"와는
다른 것인 것처럼 보인다.

- **그 자신**[세상(世上)] 안에 거(居)한다."

(4) 또 다른 반론(反論)도 있다.

"세상의 현현과 유지의 상태에서는, 세상에 의해
그에게 방해가 없다는 것을 인정한다고 하더라도,
**<깊은 잠>과 비슷한 무(無)가 본성인 <세상의 용해
상태>에서는, 어떻게 그가 <드러날> 수 있겠는가?**

<인식될 수 있는 세상>이 없다면, <인식자> 즉
<인식하는 의식>은 아무것도 아닐 것이다. **대상이
없는 주체는 무의미(無意味)하다.**"

대답은 이렇다.

"그로부터 나오는 동안이라도 그것은 그의 안에
거한다." 즉 용해의 상태에서는, 창조된 세상조차도

그 자신과 동일하게 그의 안에 거한다.

<공(空)>의 형태[깊은 잠] 안에서>는 그것의 다른 소멸(消滅)은 없다. **"공(空)"은 - 잘 따져보라! - "빛[의식, <아는 자>, 경험자]의 도움[지지(支持), 배경, 존재]" 없이는 논리적으로 생각될 수 없다.**

스왓찬다 탄트라는 말한다.

"우리가 공(空)이라고 하는 것은
실제로 공(空)이 아니다.
우리의 공(空)[순야]은 단지 아바와 즉
<대상(對象)의 결여[부재(不在)]>를 말한다.
오 여신이여,
그것은 아바와 즉 <대상의 결여(缺如)>다.
그 안에서는
모든 <대상적인 존재물>은 용해된다."

그러니 시간, 공간, 형태의 어떤 것도 그를 방해할 수 없다. 그의 일은 <**온 세상**[세상 전체]>이고, 그의 빛으로 그것은 나타나고, 또 용해될 때조차도 그것은 그 빛과 동일하게 거한다.

그러므로 **스판다 샥티**[에너지]는 편재(遍在)하고, 영원(永遠)하고, 모든 힘이 가득하고, <자기 조명적(自己照明的)>이다.

그것의 존재를 증명하는 일에는, <(단지 지금까지 알려지지 않은 것[대상(對象)] 정도만 드러낼 뿐인) **우리의 어설픈 증명의 수단**>은 거기에 적용될 수도 없고 또 가능하지도 않다!!

우리가 가진 <모든 증명의 수단>과 <모든 사물들 그 자체>가 이 **스판다 샥티**에 의지하고 있다.
탄트라 알로카에서 **아비나바굽타**는 말한다.

"<위대한 하나님> 그는
<모든 사물들의 생명>을 구성하는
그 증명(證明)들의 최고의 생명이다."

야트라 스티탐[(그것이) **그 안에서 쉬며**]은 두 번 반복되어야 한다. 그러므로 이런 의미가 된다.

"이 세상은, 그것이 그로부터 나왔을 때조차도 그 안에서 쉰다. 세상은 **그의 빛**에 의해 나타나고, 또 그 빛 자체처럼 그 안에서 쉰다. 세상은 **그의 빛**과 동일하다. **그의 빛** <홀로> 전체성(全體性) 안에서 고려되고, 세상의 증거(證據)로 충분하다."

이 세상은 <스판다 샥티와는 다른 어떤 것>이 아니다. 그러므로 자신의 경험에서 증명된 것처럼,

스판다 샥티에게는 어디에도 어떤 방해가 있을 수 없다. 그것은 <현현과 유지, 철수 그 모두가 만나는 그곳>을 드러내고, <성취되기 가장 어려운 일>을 일으킨다.

웃팔라데바는 말한다.

"오, 모든 것의 통치자여.
 주의 선례(先例) 없는 통치에 영광을!
 이는 실로 아무것도 통치되지 않음이라.
 [당신이 <다스리는 일>에서
 <당신 자신을 다스리는 것> 외에는 없음이라.]

 주의 <다른 통치[사다쉬바, 이슈와라]> 또한
 정확하게 **주** 자신과 같음이라.
 이 세상은, 다른 이들에게 나타나듯
 똑같은 방식으로
 주의 헌신자에게는 나타나지 않음이라."

이는 아무것도 <현현의 빛>과는 다르게 나타나지 않는다는 의미다. 현현된 세상은 곧 <현현의 빛>과 하나이기 때문이다.

☯

<온 세상>이 그 안에서 쉬며,
또 그로 말미암은 것이 아닌가?
아무것도 그의 본성을 가리지 않아
그의 방해물은 어디에도 없다.

경문은 <신비적 합일의 수단>을 말한다.

스판다 샥티에게는 어떤 방해물도 없기 때문에,
야트라 스티탐[**그 안에서 쉬며**] 구절이 가리키는
<정지의 상태>에서든, 아니면 **야스맛 차 니르가탐**
[**그로 말미암은 것**] 구절의 <확장의 상태>에서든,
요기는 니밀라나 사마디와 운밀라나 사마디 둘 다
에서 그의 본성 속으로 들어가려고 해야 한다.

니밀라나 사마디는 <눈을 감고 있는, 내향적인
명상 상태>로, <개체 의식>은 **우주 의식**으로 흡수
되고, 운밀라나 사마디는 <눈을 뜨고 있는, 마음의
상태>로, 외부 세계가 **쉬바[우주 의식]**로 보인다.
다음에 나오겠지만, "**마음의 동요(動搖)가 사라
질 때 그때 <지고(至高)의 상태>가 있다.**"(1:9)는
것은 니밀라나 사마디를, "**그러므로 말이든 대상
이든 생각이든 <쉬바가 아닌 상태>는 없다.**"(2:4)
는 것은 운밀라나 사마디를 말한다. 거기에는 어떤
방해물도 있을 수 없다.

설령 <무아론(無我論)을 주장하는 불교도(佛敎徒) 같은 경험자>가 있다고 하더라도, **어떤 경우에도 <자신의 진정한 본성>에 대한 부정(否定)은 있을 수 없다!**

불교의 <무아론>은, 자아[**아트만, 영혼**]는 없고, 어딘가에 그것이 소멸된 것으로 여겨지는 증거가 있을지도 모른다고 말한다.

그러나 만약 <그>가 - <자신의 본성[자아]>을 **<부정하는 자>**인 그것[<그>] - 하나의 **실재**로서 (이미) **존재하지 않는다면**, 그때 <그의 부정하는 일>은 <캔버스 없는 그림>이 되고 만다.

유사하게, **<부정하는 자>**라는 존재[**실재**] **없이는**, **<그것[그]의 부정인 그 증거(證據)>** 또한 설 자리가 **없게 된다.**

이런 사실 자체가, <**스판다 탓트와**라는 **실재**>의 증거다. **그것은 바로 실재가 그 <부정하는 자>라는 형태로 현현한 것을 말한다.**

[위 부분을 몇 번 <찬찬히> 읽고, 그다음 눈을 감고 내면에서 그것을 느껴라. 가깝다.]

그렇게 증명되는 그 <경험하는 자[프라마타]의 실재>는, **<영원히 확립된 실재[아디-싯다]>이고 또 <바로 우리 자신의 자아[참나]>와 동일한 주(主)가 존재한다**는 것을 계속해서 보여준다.

그러니 **스판다**라는 **실재**는 어떤 말을 사용하는 것도 없이, 그것을 부정(否定)하는 사람들에 의해서 조차도 더 견고하게 된다.

이것은 1장 16절에서 더 논의될 것이다.

**<내면의 본성(本性)>은
전지(全知)라는 속성의 거처(居處)로
아무 대상도 인지(認知)할 수 없는 경우라도
결코 사라질 수 없다.**

이렇게 이 책은 <세상을 초월하고 또 내재하며, 세상의 현현, 유지, 철수를 일으키는> **샹카라** 즉 **<은혜로운 존재>**는 바로 나 자신의 핵심적 본성인 사실을 기술한다.

모든 <유신론적(有神論的)인 종교>에서 <명상의 대상인 그것>은 **스판다 탓트와**가 아닌 다른 어떤 것이 아니다.

우리 인류의 <명상[즉 예배]의 다양함>은 바로 이 **스판다** 에너지의 **<절대 자유>**에 의한 것으로 보인다. 실제로, 이 우주 전체는 단지 이 **<스판다 샥티>**의 활동성(活動性)이 드러난 것일 뿐이다.

이것은 2장 1절의 암시에서도 보인다.

그 힘을 의지하는 만트라는
전지(全知)의 힘을 행하여
……
<몸에 갇힌 자들>에게 행한다.

<[어느 한 종교의 교리 등에] 편견(偏見)이 없고,
또 시건방지지 않은 지성(知性)의 소유자들>은 이런
사실을 [누구를 논박(論駁)하려는 목적이 아니라]
<스스로(에게)> 찬찬히 검토(檢討)해 보라.

    ☯   ☯   ☯

**<온 세상>이 그 안에서 쉬며,
또 그로 말미암은 것이 아닌가?
아무것도 그의 본성을 가리지 않아
그의 방해물은 어디에도 없다.**

   이 경문은 <프라마타[주체]>, <프라메야[대상]>,
<프라마나[지식]>로 구성된 **온 세상**은 **쉬바** 안에,
즉 **스판다 탓트와** 안에 존재한다고 말한다. 마치
<도시의 영상>이 거울 안에 존재한다고 말하듯이
말이다. 그것은 사실, 거울 외에 아무것도 아니다.

그 도시 안의 여러 가지 대상이 서로 다른 것으로 보이더라도, 또 거울과는 다른 것으로 보이더라도 거울 그 자체 외에 아무것도 아니다.

그러므로 **온 세상**은 **쉬바** 외에 아무것도 아니다. 비록 그것이 그와는 다르게 보이더라도. 마치 거울 속에 비치는 여러 가지 대상이 다르게 보이지만, 그 거울과 다른 것이 어떤 것도 없듯이 말이다.

첫 번째 요점은 우리가 <**온 세상**은 **쉬바** 안에서 쉬고, 또 **온 세상**은 **쉬바**로부터 나왔다>고 할 때, 그것은 단지 대중적인, 경험적인 견지에서 그렇게 말하는 것이지, 형이상학적 견지에서 말하는 것이 아니다.

세상은, <마치 자루 안의 호두처럼>, **쉬바** 안에 들어 있지 않다. 자루 안의 호두는 그 자신의 독립적인 존재를 지니고 있고, 또 자루는 잠시 그것을 갖고 있다. 세상은 **쉬바**로부터 전혀 분리된 존재가 아니다.

그러므로 우리가 <**온 세상**은 **그**로부터 나왔다>고 할 때, 그것은 호두가 자루로부터 나왔다는 것과 같은 의미가 아니다. 거기에서는 <호두>와 <자루> 둘 다가 <서로 분리된 존재>로 있다.

쉬바는 <현현(顯現)의 관점에서> **세상이다.**
세상은 <실재(實在)의 관점에서> **쉬바이다.**

쉬바는 세상을 초월하고 또 세상에 내재한다. - 비슈봇티르나와 비슈바마야 둘 다이다.

두 번째 요점은 **온 세상**이 **그**에게 존재를 빚지고 있기 때문에, **온 세상**은 **그**를 감출 수 없다. 마치 옹기가 옹기장이를 감출 수 없듯이 말이다.

또 그의 자유로운 <자기 표현>과 <자신 확장>을 방해할 수도 없다. 그것은 **그는 시간과 공간, 형상 등에 제한될 수 없다**는 의미다.

이것은 아주 중요한 것을 암시한다. 즉 개아의 <진정한 자아>는, 그 본질에서, **쉬바**이기 때문에, **세상은 그것 위에 죽음의 관(棺)을 씌울 수 없다**는 말이다.

오로지 개아는 그의 **참나**를 재인식(再認識)해야 한다.

칼라타는 말한다.

"<세상의 상태>에서도 아무것도 **그**를 방해할 수 없다. **쉬바**로서의 자아는 <덮일 수 없는 본성>을 갖고 있기 때문이다."

경문은 또 신비적인 암시도 한다. **크세마라자**는 그것을 명확히 지적한다.

"<내향적 명상>과 <외향적 명상> 둘 다에서
쉬바인 <자신의 핵심적 본성[**의식**]>으로
들어가는 것에 집중(集中)해야 한다."

☯

혹 이런 생각이 있을지도 모른다.

"**쉬바**의 그런 본성[**의식**]은 <깨어 있을 때> 등의
상태에서는 경험되지 않는다.
　당신이 말한 대로, 그 본성은 어떤 것에도 제지
당하지 않겠지만, 그러나 <깨어 있을 때> 등에서는
저절로 감추어진다.
　(왜냐하면 <깨어 있을 때> 등에서 그런 실재가
경험되지 않기 때문이다.)"

　<그런 생각>을 위해서, 다음 경문에서는 <그런
몰이해(沒理解)>에 대해서, 이미 설명한 것을 다른
방향에서 설명한다.

< 3 >

<깨어 있을 때>와 또 다른 상태에서도
그는 분리되어 있지 않기에
<동일(同一)한 경험자(經驗者)>로서
결코 그 본성에서 벗어나지 않는다.

Jagrat-adi vibhede api
    tat-abhinne prasarpati
Nivartate nijat-na-eva
    sva-bhavat-upalabdhritah

    <깨어 있을 때>, <꿈꿀 때>, <잠잘 때>의 서로 다른 상태에서도 **스판다 샥티**는 <똑같은 것>으로, 즉 <그 모든 상태를 경험하는 자>로 남는다.

    <보통 사람들>에게 잘 알려진 <깨어 있을 때> <꿈꿀 때> <잠잘 때>라는 상태와
    (또 그 각각과 일치하여) 요기[영성 수련자]에게 잘 알려진 **<다라나[집중]> <댜나[명상]> <사마디[흡수]>**라는 상태가 서로 다른 것이라고 하더라도,
    사실은, **스판다 탓트와**는 <모든 것의 자아>로서, <모든 상태의 경험자>로서 자신의 [불변(不變)의] **본성**을 결코 떠나지 않는다.

만약 스판다[의식(意識), 신성]가 떠나 있다면, <의식의 빛>을 빼앗긴 <깨어 있을 때> 등의 상태들은 전혀 나타나지 않을 것이다.

<경험하는 자>로서의 **본성**은, <깨어 있을 때>와 <꿈꾸는 상태>에서는 모든 사람의 경우에서도 경험으로부터 증명될 것이다. **<깊은 잠>의 경우에서는, <경험하는 자>로서의 본성이 직접적으로 알려지지 않는다고 하더라도, 잠을 깬 <후(後)의 기억>으로 증명된다.**

그 기억은, 만약 <깊은 잠이라는 이전의 경험>이 없다면 일어날 수 없는 것이다. 스판다 탓트와는 **<경험자(經驗者)>로서 결코 그 본성에서 떠나지도 벗어나지도 않는다.** <깊은 잠> 등의 경험의 대상은 기쁨 등과 함께 벗어날지도 모른다.

'에바'를 '아피(또한)'의 의미로, 또 다른 순서로 취하면 "<깨어 있을 때, 꿈꿀 때>가 없을 때조차도 - 즉 <깊은 잠의 상태>에서도 - 스판다 탓트와는 그 본성에서 떠나지 않는다."가 된다.

<깨어 있을 때>와 또 다른 상태에서도
그는 분리되어 있지 않기에
<동일(同一)한 경험자(經驗者)>로서
결코 그 본성에서 벗어나지 않는다.

(1) <**그는 분리되어 있지 않기에[탓-아빈네]**>의
    첫 번째 설명

"**탓-아빈네**[<그것에서 분리되어 있지 않다>]"는
자그랏-아디 비베다[<**깨어 있을 때**>**와 또** <**다른
상태**>]의 이유가 된다.
즉 <깨어 있을 때> 등의 상태가 **프라카샤**(빛)인
<쉬바의 상태>와 다르지 않기 때문에, 그것들 또한
<빛의 형태>다.

어떻게 <**다른 것**과 동일한 것>이, 만약 그 **다른
것**이 떠난다면 남을 수 있겠는가? 즉 <깨어 있는
것> 등이 **쉬바**와 동일하기 때문에, 만약 **쉬바**가
<경험자로서의 본성>을 떠난다면, 어떻게 그것들이
존재할 수 있겠는가?
<깨어 있는 것> 등은 있을 수가 없다. 그것들은
나타날 수 없고, 남을 수 없다. <경험자가 없이는>
그것들 또한 사라질 것이다.

(2) <**그는 분리되어 있지 않기에[탓-아빈네]**>의
    두 번째 설명

탓[그것]을 **프라사르파티**의 주어(主語)로 취하고,
아빈네[<분리되어 있지 않는>]를 <'깨어 있는 것'

등이 **쉬바**와 동일성인 것>으로 해석할 수도 있다.

그러면 뜻은 이렇다.

"스판다 샥티는 <깨어 있는 것> 등과 같은 다른 상태에서도 <(끊어지지 않고) 계속해서 흐르고 있다[프라사르파티]>. 즉 다양성(多樣性)을 떠맡는다. 그것은 **결코 그 본성**(本性)**에서 떠나지 않는다**."

쉬바는 <영원히 경험하는 원리>일 뿐만 아니라, <영원한 경험자>로 있는 동안도 여러 가지 종류의 형태를 떠맡는다.

"<깨어 있는 것> 등의 다른 상태들은, **상키야**가 믿는 <**파리나마**[전변설(轉變說), 변형설(變形說)]>나 또 **샹카라**의 **베단타** 등이 믿는 <**비바르타**[가현설(假現說)]>를 말하는 것이 아닌가?"

<**그는 분리되어 있지 않기에**[탓-아빈네]>는 또한 그들의 이론을 부수는 데 사용된다.

(3) <**파리나마**[전변설(轉變說)] 이론>의 거부

만약 <깨어 있는 것> 등 다양한 상태가 <**의식**이 변형(變形)된 것>으로, <**순수한 의식**>과 약간이라도 다른 것이라면, 그러면 그들의 변형에서, **의식** 또한 약간이라도 변형되었을 것이다.

그러나 의식 그 자체의 변형이 있으면, 아무것도 나타나지 않을 것이다. 즉 아무것도 빛으로 오지 않는다. 그러므로 변형의 이론은 좋은 것이 아니다.

어떤 경전은 말한다.

"<**감각**[즉 생명, 의식]**이 없는 것**>에서만 변형이 있을 수 있다. 변형은 <**감각**[생명, 의식]**이 있는 것**>에서는 <바르게> 적용될 수가 없다."

우유가 버터로 변형되었을 때 우유는 사라진다. 그것은 더 이상 우유가 아니다.
만약 **의식**(意識)이 <다른 상태>로 변형된다면, 그것은 더 이상 **의식**으로 남을 수 없다.
또 <다른 상태들> 또한 사라질 것이다. 왜냐하면 <**경험자**[**의식**] **없이는**> 어떤 경험도 있을 수 없기 때문이다.

(4) <**비바르타**[가현설(假現說)] 이론>의 거부

우선 우리가 잘 아는 선화(禪話) 하나.

누군가가 남전(南泉) 선사에게 말했다.

"<하늘과 땅과 내가 한 뿌리에서 났고, 만물과 내가 한 몸>이라는 말은 터무니없는 소립니다."

선사가 <뜰에 핀 꽃>을 가리키며 대답했다.

"요즘 사람들은 <이 꽃피는 나무[**실재(實在)**]>를 꿈으로 보는군요."

<인식되는 그것>은 비(非)-실재일 수 없다. 만약 그것이 비-실재라면 **브라흐만** 또한 비-실재가 되는 곤경에 처할 것이다.
그러므로 <비바르타[가현설(假現說)] 이론> 또한, 그것이 **<비-실재성>과 <분리(分離)>, <다른 형태의 가정(假定)>을 의미하는 한**, 맞지 않다.

<비바르타[가현설(假現說)] **이론**>은 다음 세 가지 특징을 갖고 있다.
  1) <환영(幻影)의 모습[**비-실재성**]>
  2) 분리(分離)
  3) <다른 형태의 가정(假定)>

그러나 세상은 1) <비-실재>도 아니고, 2) <분리되어 있는 형태>도 아니고, 또 3) <**쉬바[의식**]와는 다른 형태>도 아니다.

그러므로 <비바르타 이론>은 용납될 수 없다.

(5) <신(神)의 능력>을 얻는다.

<그는 분리되어 있지 않기에[탓-아빈네]>로부터 <인간의 가능성의 범위 안에 있지 않은 것>도 성취하는 <신(神)의 힘>이 따른다.

주가 <깨어 있는 것> 등 다른 상태를 나타내는 한, 그 다른 것 자체를 나타내는 것에서, 그는 그의 동일성을 나타낸다.

<다른 상태>에서 경험자가 동일성으로 연속됨이 없으면, <다른 상태>들의 **다름 그 자체**는 경험될 수 없다. 그러므로 **<다름 그 자체의 경험>은 <그 다르지 않은 자>를 드러낸다.** 즉 경험자가 동일한 것임을 드러낸다.

비갸나 바이라바는 말한다.

"같지 않은 같은 것"이 되라.

그러므로 **그**는 <**아파라**의 힘>으로 다양성에서, <**파라**의 힘>으로 단일성에서, <**파라-아파라**의 힘>으로 <단일성 안의 다양성>의 형태에서 번쩍인다.

78

그러므로 이 견줄 수 없는 <트리카 철학 이론>에서 현현되는 것은 **신(神)[의식]** 그 자신이다.

(6) 또 신비적 관점에서는 이렇다.

<깨어 있을 때> 등 **다른 상태**에 있을 때조차도 끊임없이 그 자신의 이 동일한 본성을 명상하고, 자신을 **<동일(同一)한 (영원한) 경험자(經驗者)>**로 경험하는 그는 **샹카라[쉬바, 신(神)]** 그 자신이다.

❧   ❧   ❧

이 경문에서 이해해야 할 것은 두 가지다.

첫째, 경험의 상태는 다르다. 그러나 그 경험자는 **<경험자>**로서의 그의 본성에서 벗어나지 않는다. 그는 **동일(同一)**하게 남는다.

칼라타는 말한다.

"**경험자**는 깨어 있을 때, 꿈꿀 때, 잠잘 때의 세 가지 상태 모두에서 **<동일한 것>**으로 남기 때문에 - 연꽃이 <다섯 가지> 모두에서 **<동일한 것>**으로 남는 것처럼 - 그의 본성에서 벗어남이 없다."

웃팔라 밧타는 그것을 아름답게 표현한다.

"이 다름은 <상태들의 다름>이지, 그것들을 잡는 <경험자의 다름>이 아니다. 연꽃에 씨앗, 싹 등의 다름이 있으나, <연꽃의 **샥티**(힘)>에서는 아니듯이, 그[**경험자**]는 그들 상태를 경험한다."

다름 그 자체는 <하나의 공통된 **동일한 실재**>를 가리킨다. 그 **실재**는 **아누산다타**로 행동한다. 즉 그것은 <다른 상태들>을 <한 자아의 경험의 통합>으로 묶는다.

"<깨어 있었던 나>가, 잠속에서 꿈을 꾸었고, 그 다음 깊은 잠을 잤다."는 형태로 말이다.

둘째, 경험의 다양한 상태들은 <**의식** 그 자체의 한 표현> 외에 아무것도 아니다. 그것들은 **의식**과 다르지 않다.

이런 다른 상태들은 **파리나마** 즉 <의식의 변형>으로도, **비바르타** 즉 <환영(幻影)의 모습>으로도 설명할 수 없다.

그것들은 단순히 **쉬바**의 <**스와탄트리야** 즉 **절대 자유**>**의 놀이**일 뿐이다.

사다나 즉 수행(修行)에서는, 이 철학적 진리의 <실용적인 면>이, 잘 관찰해 보면, 분명히 있다.

<수많은 경험의 변(變)하는 상태(狀態) 가운데서, 그 경험자(經驗者)의 동일(同一)함을 열심히 명상하는 자>는 [저절로] 쉬바와 동일시(同一視)된다!

☯

붓다의 추종자들은 기쁨, 우울 등은 단지 하나의 단일한 <의식[즉 인식]의 다양한 변형된 형태>일 뿐이라고 주장한다.

이 주장(主張)[논지(論旨)]은 워낙 강하여, 그들은 <갸나[즉 지식, 인식(認識)]의 연속체(連續體)>만이 홀로 실재라고 한다.

그러나 거기에는 갸나 즉 지식[인식]에서 떨어져 있는 "갸타 즉 <아는 자[경험자]>"는 전혀 없다.

또 미망사는 <기쁨 등의 조건에 의해 가리어진 '나'의 의식에서 알려진 그것>이 참나라고 한다.

둘 다 다음 절로……

< 4 >
"나는 행복하다, 불행하다, 묶여 있다."는
이런저런 인식(認識)들은
<행복한 상태> 등으로 <다른 것> 안에
분명히 한 실로 꿰여 있다.

Aham sukhi cha duhkhi cha rakta cha
    iti-adi-samvidah
sukha-adi-avastha-anusyute vartante anyatra
    tah sphutam

나의 유년 시절과 청년 시절은 흘러갔고, **몸과
마음은 너무나 변했다.** 세월을 넘어 아무것도 같은
것으로 남아 있는 것이 없는데, 그런데 누가 그런
것을 아는가?

그 무엇이 "나의 유년 시절과 청년 시절"이라고
아는가?

그러므로 이 <아는 자>는 <같은 것>으로 남아야
한다. 이 <지켜보는 자>는 <같은 것>으로 남아야
한다.

그때 그 <지켜보는 자>는 그렇게 조망(眺望)할
수 있고, 그렇게 말할 수 있다.

기쁨, 고통 등의 <경험의 상태>가 다를 동안도, <그 경험자>는 변할 수 없다.

그 <다른 상태>를 <동일한 경험자의 경험>으로 연결하는 것이 <그 경험자>이기 때문이다.

행복하고, 불행하고, 묶여 있는 <똑같은 **나**>가 기쁨에서 쉬는 애정과 연결되고, <증오로 가득한 똑같은 **나**>가 고통과 관련 있는 싫증과 연결된다. **- 이런 인식들**과 경험들은, <이런 상태의 소유자 [아바스타-타리]>인 <**다른 것**> 안에 거(居)하고 또 지속된다. 그것은 **자아**(自我)라는 <영원한 원리>다.

그런 경험들은 내적으로 <**그것**> 안에서 분명히 쉰다. 즉 <**지켜보는 자**>로서의 <나 자신의 **자아**> 즉 **참나**와 함께 말이다.

그렇지 않으면, 경험들의 남은 흔적에서 생겨난 <하루살이 격(格)인> **인식** (認識)[의식]과 생각들의 상호 관련은 가능하지 않을 것이다. 그런 인식과 생각들은 일어나자마자 사라져버리고, 어떤 흔적도 남기지 않을 것이기 때문이다.

그러니 그 경험들로부터 일어나리라고 가정되는 **비칼파**(**생각**)는 실제로 일어날 수 없다. **경험** (經驗) **에서 인식** (認識)**되지 않으면**, 그것들은 어떤 활동도 이끌 수 없다.

갸나[지식(知識), 인지(認知), **인식(認識)**]가 일어나자마자 곧 사라진다고 한다면, 그것은 뒤에 어떤 흔적도 남길 수 없다. 그러므로 이런 **<인식, 기억은 순간(瞬間)이라는 이론>은 가능하지 않다!!**

세 군데에 동등하게 사용된 접사 '차'는 그들의 상호 관련을 나타낸다.

안야트라는 **<다른 것> 안에**의 뜻이다. 여기의 **<다른 것>**은 어떤 종류인가? **수카·아디·아바스타·아누슈타**는 **안야트라**를 꾸민다.

그러므로 그 뜻은 이렇다.

"**<다른 것> 안에** – <다른 어떤 것> 그 안에 – <일어나고 또 가라앉는 기쁨과 고통 등의 상태>가 함께 엮여져 있다. 함께 **한 실로 꿰여 있다.**

마치 꽃목걸이[화환(花環)]에서 꽃들이 **한 실로** 쭉 꿰여 있듯이, 기쁨과 고통 등은 <그것> 안에서 내적으로 머물고 있다."

'**타**'는 <그들의 회상(回想)[기억]과 일치하는 이전 경험한 상태들[**이런저런 인식(認識)**]>을 말한다.

<인식의 순간성>을 믿는 이들의 견해에 따르면, 기억(記憶)은 이전 경험의 남은 흔적에서 생기고,

그리고 기억은, 그러하여, 단지 이전 경험의 색조를 띤 형태라고 말한다. 그러니 그것은 이전 경험과 유사(類似)할 수만 있다. 그것은, 그 일이 과거에 실제로 경험되었듯이, 그 일을 의식에 되가져올 수 없다.

<[유식(有識)한 채하는 불교의] 그런 철학자들>은 **<그런 기억>의 견해로** 자신을 즐겁게 하기를……

그러나 그런 것은 <[현명(賢明)한] 다른 사람들>에게는 용납될 수 없다!

이것은, 과거 경험의 유사성은 <그것이 과거에 실제로 경험되었던 똑같은 일이다>는 믿음을 이끌 수 없다는 의미다.

<과거 경험의 유사성(類似性)>이란 불교 철학자들이 <인식의 순간성>이라는 이론의 기초를 유지할 수 있는 것이 전부다.

유사성이 곧 동일성(同一性)은 아니다.

<과거 경험의 동일성(同一性)에 대한 그 믿음>이 없이는, 기억(記憶)은 가능하지 않다. 즉 <과거의 경험을 현재와 연결할 수 있는 **동일(同一)한 프라마타**[경험자]> 없이는, 경험의 어떤 **동일성**도 있을 수 없다.

그러므로 <동일한 프라마타[즉 경험자]> 없이는
기억(記憶)은 불가능하다.

모든 것의 의식에 거(居)하는 <영원한 경험자>가
있을 때, 모든 것이 바르게 맞춰지는 것을 저자는
암시한다.

☯

"나는 행복하다, 불행하다, 묶여 있다."는
이런저런 인식(認識)들은
<행복한 상태> 등으로 <다른 것> 안에
분명히 한 실로 꿰여 있다.

이제 미망사를 비판하기 위해서, "아트만" 혹은
자아라는 말은 이렇게 해석해야 한다.
'나는 행복하다.' '나는 불행하다.'는 이런 경험은
안야트라 즉 "<다른 것> 안에" 존재한다.

이 경우 "<다른 것> 안에"는 "<푸랴슈타카라는
경험자> 안에"로 해석해야 한다. 그러므로 기쁨과
고통 등의 경험들은, 그런 경험으로 가득한 <푸랴
슈타카 경험자 안에> 존재한다.

이때 **스푸탐**[<명백히>]은 '대중적인 믿음이 증명하는 것으로'를 의미한다.

그들의 경우, <안야트라>는 빛과 지복의 덩어리이고, 우리[카시미르 쉐이비즘 전통]가 받아들이는 우리의 본성인 "**샹카라** 안에"를 의미하지 않는다.

그러므로 이 **자아**는 <기쁨> <고통> 등에 의해 손상되지 않고, 오히려 <**의식**의 본성>이다. **그**가, 나중에 말할 <자신의 불순(不純)에 의해> 본성을 가리고 그 상태에서 나타날 때, 그는 **푸랴슈타카** 상태에 있고, <행복> <불행> 등의 경험을 가진다. 그 상태에서조차도 기쁨 등은 그의 진정한 본성을 방해할 수 없다는 것은 이미 말한 바다. 그는 기쁨 등에 결코 가려지지 않는다.

'나는 행복하다.' '나는 불행하다.' 등이 말하는 진정한 목표는, '나는 날씬하다.' '나는 뚱뚱하다.' 등의 <그런 믿음을 포기하는 것>이다.

사람은 <**참나** 안에서, '기쁨' '고통'의 경험으로 가득한 **푸랴슈타카** 상태를 가라앉히는 것으로>, 또 <'몸' '항아리'로 구성되는 외부적인 면을 용해하는 것으로> 자신의 본성은 바로 **쉬바**인 것을 재인식(再認識)한다.

그러므로 사람은 항상 **푸랴슈타카**를 가라앉히는 데 성실한 노력을 해야 한다.

☯

**"나는 행복하다, 불행하다, 묶여 있다."는
이런저런 인식(認識)들은
<행복한 상태> 등으로 <다른 것> 안에
분명히 한 실로 꿰여 있다.**

명심(銘心)해야 할 것이 세 가지가 있다.

첫째, **삼빗**[samvid]으로 쓴 복수형(複數型)이다.
삼빗은 지각(知覺), 인식, 경험(經驗)들을 의미한다.
그것들은 <그런 모든 다른 **삼빗들**>의 아래에 놓여
있는 <하나의 동일(同一)하고 불변(不變)의 **의식**>인
삼빗[Samvit]이 아니다.

라마칸타는 말한다.

"**삼빗**[Samvit, **의식**(意識)]은 <최고의 의미에서>
실제로 <하나>다. 모든 것의 경험자이고, '**나**'로서
번쩍인다.
마야 샥티에 의해 생겨난 <그것에 대한 알아챔의
결여> 때문에, 그것은 '나는 행복하다, 불행하다.'
등의 <영구적이지 않고 지엽적(枝葉的)인 경험>의
인식자가 된다."

사실을 말하자면, 이것들은 <확인하고 결정하는 의식>인 **붓디**의 상태이다. **붓디**는 자아나 경험자의 역할을 떠맡는다. 그리고 <진정한 경험자>는 **붓디** 등과의 협조 관계로 이들 상태를 그 자신으로 오해 내지 오인(誤認)하는 것이다.

삼빗이라는 말이 복수로 쓰인 것은 이 때문이다. 그것들은 <가짜 경험자>인 **붓디**에 속한 것이지, 그 근저(根底)에 있는 <삼빗[Samvit]>, **참나**, <변하지 않고 동일한 **그 경험자**>에 속한 것이 아니다.

둘째는, 비록 이들 상태가 **참나**의 것이 아니고, **참나**의 본성에 속하지 않더라도, 그것들은 <그들 모두를 관통(貫通)해서 **한 실로** 달리는, 저 변하지 않는 **동일한 경험자**>에 의해, <(커다란) 한 경험의 연합> 속으로 함께 묶인다.

이것이 "그들 상태는 그들 모두를 관통(貫通)해서 **한 실로** 달리는 저 <**다른 경험자[다른 것]**> 안에서 그 근거(根據)를 갖는다."가 의미하는 바다.

라마칸타는 이 경험자를 아름답게 말한다.

"그는 선행(先行)하고 연속되는 상태에 온통 편재 (遍在)하고, 모든 <경험적인 자아>에게 잘 알려져 있다.

그는 <통합적(統合的)인 단일성(單一性)>을 제공하여, 모든 실제적인 삶[생활]에서 그 기초를 준다.

그는 <불변의 영원한 경험자>로, <**하나**>이고 또 <**동일(同一)한 것**>으로서 항상 빛난다."

그리고 **임마누엘 칸트**가 천 년이 지난 후, 그의 유명한 "synthetic unity of apperception"[<통각(統覺)>이란 개념]으로, 이 중요한 진리를 표현한 것은 아주 흥미로운 일이다.

셋째, 이 <철학적 진리>는 **요기**의 수행[실천]으로 이끌어야 한다.

<기쁨> <고통> 같은 변하는 상태가 **푸랴슈타카** 즉 <심리적이고 경험적 자아[마음]>에 속하는 것을 **아는 것으로**, 사람은 <그 자신>을 이제는 **쉬바**라는 그의 **본성**에, <진정한 경험자>에게 세우게 된다.

다른 이론들을 지지할 수 없음을 논증(論證)으로 주장한 **저자는** - <계시된 전통의 가르침과 논증>을 알고 **<개인적인 경험>을 가졌다. 진리는 그 위에 기초한다.** - 이제 **스판다 샥티**가 명확히 그 진리인 것을 강하게 선언한다.

< 5 >

<고통>도 <쾌락>도
<대상>도 <주체>도 없는 곳
<공(空)>조차도 있지 않는 것
그것이 <궁극의 실재(實在)>다.

Na duhkham na sukham yatra
    na grahyam grahakam na cha
Na cha-asti mudha-bhava api
    tad-asti parama-arthatah

　궁극의 실재(實在)는 <심리적인 주체>도 아니고,
<정신-신체적 경험>도, <단순한 공(空)>도 아니다.
실재 혹은 스판다는 <심리적인 주체> 밑에 깔려
있는 그 근저(根底)다.
　그것은 결코 "어떤 대상으로도 환원될 수 없는"
<영원한 경험자, 영원히 아는 자>다.

　<내적인 대상>으로 '고통' '기쁨'이 있을지라도,
<외부의 대상>으로 '푸르다' '노랗다'가 있을지라도,
또 주체로 '푸랴슈타카' '몸' '감각'이 있을지라도,
<그것들이 경험되지 않는 한>, 그것들은 <깊은 잠>
처럼, 분명히 존재를 갖지 않는다고 말할 수 있다.

그것들이 경험될 때, 그때 <경험되는 것>으로, 그것들은 <의식(意識)의 본성의 것>이다. 그것들은 단순히 의식이다. 이것이 말하려는 무엇이다.

<비밀 교의(教義)>의 핵심을 아는 웃팔라데바는 이슈와라-프라탸비갸에서, 또 바수굽타는 2장 3절에서 말한다.

"나타나게 된 대상(對象)은 <의식(意識)의 빛>의 본성의 것이다. 빛이 아닌 무엇은 존재한다고 말할 수 없다."

모든 주체의 <지식(知識)> 때문에
그는 모든 것과 동일성을 느낀다.

그것은 빛의 덩어리의 진정한 **실재**다. 그 안에는 '고통' '푸르다' 등의 대상도 없고, 그들의 경험자도 없다.

이런 생각이 떠오를 수 있다.

"만약 모든 주체와 대상을 <비(非)-존재>로 여긴다면, 그러면 실재는 단지 공(空)이다. 이것이 그 말하는 바가 아닌가?"

아니다. 거기에는 단순하게 **<무감각(無感覺)>**이 있지 않다. 이것은 거기에는 단순히 진공(眞空)만이 있지 않다는 것을 의미한다.

무감각은 현현이고 또 <비(非)-현현>이다. 만약 그것이 <비-현현>이면, 도대체 어떻게 그것이 존재한다고 말할 수 있겠는가? 만약 그것이 현현(顯現)이라면, 그러면 그 현현되는 것 때문에, 그것은 빛 외에는 아무것도 아니다.

빛이 결여(缺如)되어 있다는 것은 결코 있을 수 없다. <빛이 없으면>, 빛의 결여조차도 증명될 수 없다.

이것을 바수굽타는 1장 16절에서 말한다.

<내면의 본성(本性)>은 결코 사라질 수 없다.

☯

<공(空)>조차도 있지 않는 것 그것이 <궁극의 실재(實在)>다.

<공(空)>으로 번역한 <무다-바와>는 부재(不在), 무감각(無感覺), 부정(否定)을 말한다. 이제 <무다-바와>의 다른 설명이다.

더구나 여기에서는 무감각이란 없다. **베단타**는 **브라흐만**을 무감각한 것으로 여긴다. <**비마르샤**의 힘이 결여된 단순한 빛> 또한 거기에 있지 않다. **베단타**는 "지식(知識)[즉 인식]이 **브라흐만**이다."고 하지만, <절대 자유>의 힘이 없는 그런 **브라흐만**은 생명이 없고, 무감각한, 비활성의 무엇일 것이다.

이슈와라-프라탸비갸는 말한다.

"인간은 <**의식의 빛**>의 본성인 **비마르샤**를 안다. 그렇지 않으면 사물을 비추는 빛이라고 할지라도 저 수정(水晶)처럼 무감각할 뿐일 것이다."

밧다 나야카도 말한다.

"오, **주**(主)여!
 만약 당신의 아름다운 **샥티**가
 당신의 남성의 힘을 자극하지 않는다면,
 이 위대한 **브라흐만**일지라도
 얼마나 많은 열매를 맺을 수 있겠습니까?"

그러므로 스판다 샥티 <홀로> 1장 2절에서 말한 "<**온 세상**>이 그 안에서 쉬며, 또 그로 말미암은 것이 아닌가?"처럼 진정한 존재를 가진다.

<그것> 홀로, <우리의 경험, 전통의 경전(經典), 그리고 논증(論證)>에서 증명되듯이, <최고의 의미에서> 존재한다. 또 그것은 '푸르다' 등의 인위적인 형태가 아닌, 자연스럽고 완전한 형태로 존재한다.

웃팔라데바는 말한다.

"<무감각한 것>이란 그 본질에서 존재하지 않는 것과 같다. 그것은 [**의식**이라는] **빛**과 연결될 때, 존재를 가진다.
<자기 자신의 **빛[의식]**> 홀로 <주체[자기 자신의 형태]>와 <대상[다른 것의 형태]> 둘 다의 형태로서 존재한다."

문법학파(文法學派)의 **바르트리하리**도 말한다.

"<처음과 끝에 존재하는 그것>은 또한 중간에도 홀로 실재를 갖는다. 단순히 나타나는 그것은 어떤 실재도 없다. 그것은 <그것이 나타나는 한에서>만 실재다."

바수굽타는, 여러 다른 견해들을 지지할 수 없는 것 때문에 - 불교(佛敎)는 실재(實在)가 기쁨 등의 형태로 구성되는 <인식의 연속체>일 뿐이라고 주장하고, **차르바카**[유물론자]는 실재가 <기쁨 등으로 영향 받은 주체>일 뿐이라고 주장하고, **샹키야**는 <주체와 대상>의 이원론을, 공관론자(空觀論者)는 <모든 것의 결여>를, 베단타는 **브라흐만**이 <어떤 활동성도 없는 프라카샤>라고 말한다. - 그것들의 비실재성을 반복적으로 지적하며, <**궁극의 실재**는 오직 스판다 탓트와>라는 것을 선언한다.

<**이런 가르침을 조심스럽게 추구하는 사람**>에게 어느 날 스판다 샥티가 나타나게 되면, **그에게는** <고통과 기쁨, 대상과 주체, 또 그런 것들의 **부재 (不在)**>조차도 영(零)[무(無)]으로 여겨진다.

그에게는 모든 것이 단지 스판다 샥티의 기쁨의 정수로 나타나기 때문이다.

웃팔라데바는 말한다.

"그것이 <**샹카라**에 속하는 길>이다. 그 안에는 고통이 기쁨이 되고, 독(毒)이 신주(神酒)가 되고, 그리고 <영혼을 묶는 세상>이 해방이 된다."

<**샹카라**에 속하는 길>이란 곧 <**샹카라**의 본성의 획득에 수단>이 되는 <**샥티의** 탁월한 **확장**>을 의미한다.

☯

<고통>도 <쾌락>도
<대상>도 <주체>도 없는 곳
<공(空)>조차도 있지 않는 것
그것이 <궁극의 실재(實在)>다.

　이 경문에서 강조되는 것은 <'기쁨' '고통' 같은
내적인 경험>도, <'푸르고, 노랗다'의 외적 경험>도
<최고의 **실재**>는 아니라는 것이다. <이런 상태를
경험하는 주체>조차도 <최고의 **실재**>가 아니다.
　바수굽타가 말하려는 것은 <심리적인 경험>도,
<심리적인 주체(主體)[정신(精神)]>도 **<지고(至高)의
실재>**가 아니라는 것이다.

　칼라타는 <실재의 본성>을 이렇게 표현한다.

　"이것이 **쉬바** 혹은 **스판다 탓트와**의 본성이다.
그는 '기쁨' '고통' 등에 닿지도 않고, 그런 경험에
영향을 받지도 않는다. **쉬바** 혹은 **참나**는 <영원한
경험자>다."

　<기쁨>, <고통>은 그의 본성일 수 없다. 두 가지
이유로 그렇다.

첫째, 그것들은 단지 <지나가는 경험의 국면>일 뿐이다. 즉시 사라진다. 그러나 **참나**는 영원하다. 그러므로 그것들은 <소리, 형상, 다른 대상들처럼> **참나**의 외부에 있다.

둘째, 그것들은 <생각의 구성물[비칼파]>로부터 나온다. 반면에 **참나**는 **니르비칼파**다. 즉 <생각의 구성물의 영역에서 초월>한다.

이런 이유로 <기쁨>, <고통> 같은 것은 **참나**의 본성을 형성할 수 없다.

왜 <기쁨>, <고통>이 **참나**의 본성의 한 부분을 형성하는 것이 아니라고, 이렇게 거부하고 있는가?

라마칸타는 말한다.

"<기쁨>, <고통> 등이 거부되는 것으로, 정말로 거부되는 것은 <**참나의 대상성**>이다."

참나는 어떤 대상으로도 결코 환원될 수 없다. 그것은 영원한 주체다!

이쯤에서 떠오르는 적절한 질문은 이것이다.

"3절에서 <그(쉬바)는 동일한 경험자로서 그의 본성에서 결코 분리되지 않는다.>고 했고, 여기 5절에서는 <그(쉬바)는 주체[경험자]도 아니고 대상도 아니다.>고 한다. 이 두 진술은 일치하지 않은 것이 아닌가? 어떻게 그것을 조화시킬 것인가?"

라마칸타는 이런 생각을 예상한다.

"여기의 주체는, 여기서 말하는 주체는, **마이야 프라마타** 즉 <경험적 주체>이지, <진정한, 선험적 (先驗的) **자아[참나]**>가 아니다.
그는 오직 <영원한 경험자>로만 설명되었기 때문이다. 그러므로 <정신-신체적 주체>는 그 **실재**가 아니다."

또 이런 생각도 떠오를 수 있다.

"그가 <주체>, <대상>과 관계하는 것이 아무것도 없다면, 그는 대상도 주체도 아니라면, 그러면 그는 단지 <부정(否定)>, <**공(空)**>, 아니면 돌과 같은 <무감각의 것>이 아닌가?

크세마라자는 이런 견해를 향해서는 <무자비한 논리로> - <알 만한 사람>이 그렇게 생각하므로,

이때 무자비(無慈悲)는 자비(慈悲)일지도 모른다. -
논박하고, 이렇게 결론짓는다.

"그것은 <선험적(先驗的)인 **실재**>로, 즉 <**우리의
모든 경험 이전의 무엇**>으로, 그의 핵심적 형태는
스판다 샥티다."

라마칸타도 말한다.

"**그**는 그 본성이 <영원(永遠)한 주체>인 **지고의
실재**다. [결코 대상이 아니다.]"

그리고 이 가르침의 신비적 적용은 <이 진리를
깨달은 사람은, 인생의 불행(不幸)에 결코 영향을
받지 않는다>는 것일 것이다.

이제 논리적으로 설명한 그 **탓트와**를 재인식하는
방법을 **힌트**와 함께 기술한다.

제 3 장

스와루파 스판다 III

< 6 > < 7 >
<이 감각 군(群)>은
지각(知覺)이 없으나 있는 것처럼
<내면의 힘>을 따라
가고, 머물고, 돌아온다.

경외(敬畏)와 열심(熱心)으로
탐구(探求)되어야 한다.
그의 자유는 모든 것에 미치고
본유(本有)의 것이다.

< 8 >
욕망의 막대기를 개아는
대상 쪽으로 휘두를 수 없다.
참나의 힘과 접촉(接觸)하게 되면
그것과 동등하게 된다.

< 9 >
자신의 불순(不純)으로 무능해지고
행위(行爲)에 매이게 된다.
마음의 동요(動搖)가 사라질 때
그때 <지고(至高)의 상태>가 있다.

< 10 >
그때, <인식>과 <행위>가 특징인
고유한 본성이 번쩍이리라.
그것으로 그는 바라던 모든 것을
<알고> <행한다.>

< 11 >
삶의 모든 활동을 통할하는
그 본성(本性)을 보면서
놀라움으로 어쩔 줄 모르는데
어떻게 <이 지겨운 길>에 서 있겠는가?

< 12 > < 13 >
공(空)이 명상의 대상일 수 없고
그 상태에서 멍함이 없었다고 할 수 없다.
<회상(回想)하는 일>로 그 경험은 확실하다.
"내가 아주 <멍한 상태>에 있었군."

그러므로 <알 수 있는 형태>는
항상 <깊은 잠>과 같다.
그러나 스판다라는 이 무엇은
<회상되는 어떤 대상>이 아니다.

< 6 > < 7 >
<이 감각 군(群)>은
지각(知覺)이 없으나 있는 것처럼
<내면의 힘>을 따라
가고, 머물고, 돌아온다.

경외(敬畏)와 열심(熱心)으로
탐구(探求)되어야 한다.
그의 자유는 모든 것에 미치고
본유(本有)의 것이다.

Yatah karana-varga ayam
    vimudha-amudha-vat svayam
Saha-antarena chakrena
    pravritti-sthiti-samhritih

Labhate tat-prayatnena
    pariksyam tattvam adarat
Yatah svatantrata tasya sarvatra
    iyam akritrima

<감각이 그 대상 쪽으로 향해 **가고**> <잠시 동안
인식(認識)으로 그 지각(知覺)을 유지하고[**머물고**]>

또 <중심 쪽으로 그 지각을 거둬들이는[**돌아오는**]> 힘을 얻는 것은 **스판다 샥티**로부터다.

그런 것에 대한 <적절한 재인식(再認識)>으로, 그 **스판다 샥티**를 얻는[느끼는] 방법을 기술한다.

섬광(閃光)이 바이라바다.

쉬바 수트라의 이 유명한 경문(1:5)에서 말하는 그 <**궁극의 실재(實在)**>는 조심스럽고 **경외**심으로 **탐구되어야 한다.**

그 **실재**는 <모든 다양성을 통합하는 일[용해의 상태]>로, <자신의 힘을 확장하는 것[현현의 상태]>으로, <완전한 내면의 본성을 간직하는 일[유지의 상태]>로, <**바이라바**의 본성이 출현되는 형태>로 **탐구되어야 한다.**

그 고유의[**본유의**] **자유**는, <**참나 경험**>을 통해, <**감감적인 것**>과 <**비(非)-감각적인 것**> 둘 다에서 - **그의 자유는 모든 것에 미치고** - **나타난다.**

여기서 <비-감각적인 것>은 **카라나-바르가** 즉 <**행위 기관, 감각 기관, 내부의 기관**>을 말하고,

<**감각적인**['살아 있는', '의식 혹은 **생명이 있는**'] 것>은 **카라네슈와리-바르가** 즉 <(감각을 통할하는) **내면의** (신성의) **힘**>을 말한다.

"스푸란티 스티타[<번쩍이며 거(居)한다>]"라는 말이 그 의미를 완전하게 한다.

무엇이 그 **실재(實在)**인가? 바수굽타는 그것을 <야타에서 라바테까지>(의 문장으)로 설명한다.

아얌 카라나-바르가는 <이 **감각 군(群)**>을 의미하고, 사람들이 잘 아는 <**행위 기관, 감각 기관, 내부의 기관**>을 말한다.

<**카라나-바르가**>는 카시미르 쉐이비즘의 경전에 기록된 "카라네슈와리-바르가[감각의 신성 그룹, <**내면의 (신성의) 힘**>]"가 아니다. <**내면의 힘**>은 결코 **지각(知覺)**될 수 없기 때문에 "**이 감각(의) 군(群)**"이라고 (대상으로) 말할 수 없다.

<**이 감각 군(群)**>은 우리가 아는 13개의 감각을 말한다. <다섯 가지 감각 기관>과 <다섯 가지 행위 기관> 그리고 <**붓디, 아함카라, 마나스.**>

<**이 감각 군**>을 꾸미는 형용사 **비무다**는 '**분명히 감각(의식, 생명)이 없는[지각(知覺)이 없으나]**'의 의미다. 즉 **마야**의 영향 때문에 <감각(感覺)이 없는 것으로> 나타난다.

<**이 감각 군**>은, **제한적인 개아에서는**, 아주 큰 정도로 <비-감각적>이더라도[**지각(知覺)이 없으나**],

<감각적인 것처럼[아무다-왓]> 즉 <지각(知覺)[곧 의식, 생명]이 있는 것처럼> 앞으로 가고, 머물고, 돌아오는 힘을 얻는다.

프라브릿티는 <앞으로 가는 것>, <감각의 대상 쪽으로 향하는 것>을 말하고,

스티티는 <그 대상(對象)에 붙어 있다는 느낌>을 의미하고,

삼흐리타는 <그 대상에서 떠나 돌아오는 것>을 의미한다.

어떻게 그것들이 나아가는가? 그것들은 **안타라 차크라** 즉 <**내면의 힘**(力)>을 따라 그렇게 간다. 어떤 견해에 따르면, <**내면의 힘**>은 카라네슈와리 [감각의 신성]를 의미한다.

안타라 차크라[<**내면의 힘**>]는 우리가 잘 아는 **안타 카라나**[내부의 기관]가 아니다. 흔히 <내면의 감각>이라고도 부르는 **안타 카라나**는 이미 **카라나 바르가**[감각 군(群)]에 포함되어 있기 때문이다.

안타라 차크라 즉 <**내면의 힘**>은, 다음에 나올 "푸랴슈타카[<여덟으로 된 도시(都市)>란 뜻으로, <**미묘한 몸**[**마음**]>을 말함]" 즉 <다섯 탄마트라와 마나스, 아함카라, 붓디>와도 관련이 없다.

왜냐하면 푸랴슈타카에 있는 <내면의 감각>인 마나스, 아함카라, 붓디도 이미 카라나 바르가에 포함되어 있기 때문이다.

마나스, 아함카라, 붓디 셋은 안타라 차크라에 포함되지 않는다. 그럼 다섯 탄마트라는?

다섯 탄마트라 또한 안타라 차크라에 포함되지 않는다. 그것은 <잘 발달하지 못한 인상(印象)>과 같다. 영성 수련에서 초보자의 경우, 프라브릿티 등에서 탄마트라는 <직접적으로> 기능하지 못한다. 그렇지만 숙련자인 요기에서는 다르다.

요기는 직접적으로 탄마트라를 경험한다. 그리고 궁극의 실재를 실현하려고 하는 것은 그 자신이다. 그러므로 그는 교육이 필요하지 않다. 그러므로 이 열심당원(熱心黨員)(?)의 견해는 틀렸다.

[안타라 차크라는 카라네슈와리[내적인 감각의 신성]에 관여하지, 안타 카라나[<내부의 기관>, 즉 마나스, 아함카라, 붓디]에는 관여하지 않는다는 견해는, 크세마라자에 따르면, 틀린 것이다.]

비무다 아무다 왓 - <비-감각적이지만 감각적인 존재처럼, 지각(知覺)이 없으나 있는 것처럼> - 이 구절 또한 <이 감각 군(群)>과 관련한 것이다.

<(내면의) 감각-신성 **그룹[내면의 힘]**>과 관련한 것이 아니다. <(내면의) 감각-신성 **그룹**>은 <**의식-지복**>의 본성이기 때문이다.

첫 4행에서 말하는 의미는 이것이다.

"<불가능한 일을 성취하는 **그의 자유**를 통해>, **샹카라**라는 <**(내면의) 감각-신성 그룹[카라네슈와리 차크라]**>과 <**[비(非)-감각적인] 감각 그룹[카라나 바르가]**>으로 **동시(同時)에 현현한다.**
또 그것들이 대상 쪽으로 움직이고, (잠시 동안) 거기에 머물고, 그다음 거두어들이는 그런 행위를 하게 한다. 그런 방식으로 <감각-신성 **그룹**>이 그 무엇을 하든, 이 <감각 **그룹**>은 비-감각적이지만, 감각이 있는 것처럼 행동하는 것으로 보인다."

비교(秘敎)의 견지에서 <감각의 비-감각적 **그룹**> 같은 그런 것은 없다고 하더라도, <그런 방식으로 확장하는 것>은 **의식**(意識)의 본성인 <감각-신성>이다. 초보자를 가르칠 때는 잘 <알려진 믿음>으로 가르쳐야 하고, 점차로 <비의적(秘義的)인 것>으로 이끌어야 한다.

☯

경외(敬畏)와 열심(熱心)으로
탐구(探求)되어야 한다.
그의 자유는 모든 것에 미치고
본유(本有)의 것이다.

그래서 사람은, 감각 기관 등이 <가고, 머물고>
하는 기능을 통할하는 자신의 <감각-신성 그룹>을
조심스럽게 관찰하는 것으로써, 샹카라와 동일한
자신의 **참나**를 **탐구**(探求)해야 한다. **샹카라** 그는
<감각 그룹>과 <감각-신성 **그룹**> 둘 다 통할한다.
　이것은 또한 <요기가, 그의 핵심적 본성을 얻는
것에서, 본연(本然)의[**본유의**] **자유**를 획득할> 위의
가르침에 의해 포함된다.

　이 **스와탄트라타** 혹은 **자유**는 **아크리트리마** 즉
<자연적인, 생래(生來)의, **본유**(本有)**의**> 것이라고
하는데, 그것은 어떤 물질적인 원인이나 부수적인
원인에 의존하지 않기 때문이다. 그것은 모든 것을
성취하는 데 [단지 **의지**(意志)로] 자족성(自足性)을
갖는다.

　<인간 존재의 최고의 목표>가 되는 이것은 **탐구
할 만한 가치가 있다.** 이것 홀로 탐구될 수 있다.
앞에서 말했듯이, 그것은 (그 목표를 획득하는 데)

쉬운 방편이기 때문이다. 그러므로 **경외(敬畏)와 열심(熱心)으로 탐구되어야 한다.** 왜냐하면 그것은 <자신이 욕망하는 대상을 감추지 않고 즐기는 것>으로 이끌기 때문이다. 이 책에 담겨진 가르침에 따른 그런 **탐구**는 <적절하게 행해져야> 한다.

<비밀 교의>를 알았던 **웃팔라데바**는 말한다.

"저의 이 감각적 활동은, 기쁨으로,
 그들의 대상에서 완전한 **놀이**를 합니다.
 하지만 오, **주(主)여!**
 제가 한순간이라도, 약간이라도
 <당신과의 동일성에서 오는 지복>을 잃는
 폭거(暴擧)를 않게 하소서."

파리크샴[탐구되어야 한다]의 접미사 **크리탸**는 "1) **가치(價値)**, 2) **실용성**, 3) **<시간이 없는>**, 4) **명령**"의 뜻을 포함한다.

사람의 핵심적 본성인 <스판다 샥티[즉 신성]>는 **탐구되어야 한다.** 아무것도 자신의 본성만큼 1) **<가치 있는 것>**은 없기 때문이다. 또 그것은 탐구될 수 있다. 그것은 2) **<실용성(實用性)이 있는 것>**이지, 허황한 것이거나 불가능한 것이 아니다.

그리고 3) <감각이 그 대상에서 기능하고 있을 때, 그때>가 그 시간이다. 그때가 <그런 방식으로 감각을 기능하게 하는, 감각 뒤의 힘을 탐구해야 할 정확한 시각>이다. [**감각으로 생생하게 알아챌 때, 알라.**]

그리고 **탐구되어야 한다**는 말은, 그 비밀 교의를 아는 4) <스승의 **명령**>이라는 뜻도 내포하고 있다.

<비-감감적인 **그룹**의 감각은 **스판다 샥티**로부터 힘을 얻고, 대상 쪽으로 움직이는 것으로 감각적인 존재처럼 행동한다>는 사실과, <**모든 사람의 자아 경험은 지켜보는 자를 낳는다**>는 사실을 주장하는 것으로, **바수굽타**는 <**의식(意識)**을 감각의 탓으로 돌리는> **차르바카**의 견해를 거부한다.

차르바카[유물론자]는 <감각(感覺)이 의식을 갖고 있다>고 믿는다. 그러나 감각 그 스스로는 의식을 갖고 있지 않고, 스판다 샥티로부터 얻는다.

☯

<이 감각 군(群)>은
지각(知覺)이 없으나 있는 것처럼
<내면의 힘>을 따라
가고, 머물고, 돌아온다.

경외(敬畏)와 열심(熱心)으로
탐구(探求)되어야 한다.
그의 자유는 모든 것에 미치고
본유(本有)의 것이다.

보통 사람들과 특히 물질주의자들은 **프라브릿티**,
스티티, **삼흐리티**의 기능을 수행하는 것은 감각들
이라고 생각한다. <능동적으로 인식의 대상 쪽으로
가고[프라브릿티]>, <대상들을 인식 안에서 잠시
유지하고[스티티]>, <마지막으로 자신으로 돌아오는
것[삼흐리티]>은 감각이라는 것이다.

이 경문은, <감각은 스스로는 이런 기능의 힘을
가지지 않는다>고 가르친다. 그것은 이 힘을 <**다른
어떤 것**>에서 얻는다. 그 <**다른 어떤 것**>은 겸손히
탐구되어야 한다. 그것은 스판다 탓트와다. 그것이
쉬바다. 그것은 인간의 핵심적 자아다.
이 자아는 **어떤 대상(對象)으로 지각될 수 있는
것이 아니기 때문에, 우리는 그것을 전혀 알아채지
못한다.** 이것은 <보이는 **모든 것들을 보는 자**>로
알려져 있다.

웃팔라 밧타는 이 진리를 높이기 위해 아름다운
구절을 인용한다.

"눈(眼)처럼,
브라흐만은 <보여 지는 것>이 아니다.

눈(眼)처럼,
그것은 오로지 **<보는 자>**다.

그것의 확인(確認)은 자신의 내면에만 있다.
<항아리처럼 볼 수 있는 대상>이 아니다."

"경험자가 <자신의 의지로> 큰 낫처럼 그 감각을
통할한다고 말한다면, **스판다 샥티**로부터 의식을
획득한 감각(感覺)이 어떻게 대상 쪽으로 움직일 수
있는가?
또 <그것은 조심스럽게 탐구되어야 한다>고 하는
데, 우리의 욕망은 단지 외부로만 움직이고, 실재를
탐구하는 쪽으로는 움직이지 않는데, 어떻게 그런
식으로 말하는가?"

이런 반문(反問)에……

< 8 >
욕망의 막대기를 개아는
대상 쪽으로 휘두를 수 없다.
참나의 힘과 접촉(接觸)하게 되면
그것과 동등하게 된다.

Na hi iccha-nodanasya-ayam
    prerakatvena vartate
Api tu atma-bala-sparshat
    purushas tat-samo bhavet

<감각이 그 대상 쪽으로 움직이는 것>은 개아의
의지나 욕망 때문이 아니다. 그는 이 힘을 <스판다
샥티> 즉 <쉬바의 역동성(力動性)>에서 얻는다.

아얌은 <이 경험적 개아(個我)>를 말하고,
<잇차-노다나샤>는 <욕망(慾望)의 막대기를>을
말한다.
첫 행은 "개아는 (대상 쪽으로) 감각을 움직이게
할 수 없다"는 의미다.

그러나 그는 <의식이고, 스판다 샥티의 본성인>
참나의 힘과 어느 정도 접촉(接觸)하게 되면 즉

<그 안으로 들어가는 것으로> **<그것과 동등하게 된다[탓-사모 바벳]>**.

감각은, 감각 그룹 그 자체는 비감각적일지라도, **<나-의식의 지복한 원기(元氣)의 방울이 봉헌되는 것으로>**, 감각성(感覺性)을 얻는다!

그래서 **스판다 샥티**는 <감각들을 움직일 뿐만 아니라>, **<의식**을 그 경험자에게 주입하는 것으로, 그 경험자가 감각들의 움직임 등에 영향을 주는 것으로 만든다.> "나는 감각들을 지배하고 있다."는 아주 잘못된 개념으로 말이다.

어떤 여(女) 작가의 글이 생각난다. 그녀는 어느 날 침대에서 일어난 직후의 일을 기록했다.

"어느 날 아침, **나는 내 눈을 떴다.**"라고 썼다. 그다음 즉시(卽時) 그녀는 말했다. "그러나 <나는 내 눈을 떴다>라고 말하는 것은 옳지 않다. 나는 어떤 것도 하지 않았고, **눈이 저절로 떠졌다.**"

그러나 그때 그녀는 그렇게 말하는 것이 너무나 어처구니없고, 터무니없는 일이라고 느꼈다.

"눈이 저절로 떠졌다……?"

눈이 어떻게 저절로 떠지겠는가?

"<나>는 내 눈을 떴다."고 하는 것은 거짓말이다. 또 "눈이 저절로 떠졌다."고 하는 것도 거짓말이다.

사실 <개아> 자신은 스판다 샥티가 그의 안으로
주입(注入)되는 것이 없으면 아무것도 아니다.

그러므로 사람은, <**자신의 빛**이 앞으로 나아가는
침투(浸透)에 의해>, <감각>과 <인식자> 둘 다에
의식을 제공하는 **스판다**를 **탐구**(探求)해야 한다고
말하는 것은 온전히 옳은 말이다.

만약 사람이 <욕망의 막대기를 사용하는 내적인
감각에 의해> 감각들을 지배한다고 한다면, 그러면
<그 지배하는 것 자체가 되는 욕망이라고 부르는
그 감각>은, 그 움직임에서, 그것을 맞추기 위해
<다른 감각>을 요구할 것이다. 그러면 그런 기전
(機轉)에서 그것은 <또 다른 감각>을 요구하고……
거기에는 <무한의 소급(遡及)>이 있을 것이다.

위의 반문(反問), "우리의 욕망은 <그것 쪽으로>
움직이지 않는다."에서도, 이 경문의 전반(前半)은
<그런 위치>의 허용으로, 나머지 반은 답으로 사용
될 수 있다.

진실로 이 경험적 개아는 **스판다 탓트와**를 탐구
하는데 그의 욕망을 움직일 수 없고, <욕망으로는>
그 **실재**를 경험할 수도 없다. 왜냐하면 그 **실재**는
<생각[욕망]의 범위> 너머에 있기 때문이다.

처음에 욕망의 즐거움을 위해 [그것을 허용하는 것으로] 즐거움의 대상을 추구하는 그 욕망이 조용하게 되었을 때조차도, 그는 <**참나의 힘**이고, 그의 감각에 **의식**(意識)을 부여하는 스판다 탓트와>와 **접촉**(接觸)한다.

그때 그는 그 스판다 탓트와와 **동등하게 된다.** 그 **실재**에 용해되는 것으로, 그는 그것처럼 모든 곳에서 자유를 획득한다. 사정(事情)이 그러하므로, 그 탓트와는 **탐구되어야 한다.**

이것이 그 의미다.

"**참나의 힘과 접촉**(接觸)**하게 되면**"이라는 말이 사용되었는데, <**접촉**(接觸)**의 질**>은 샥티 단계에서 현저하기 때문이다.

욕망의 막대기를 개아는
대상 쪽으로 휘두를 수 없다.
참나의 힘과 접촉(接觸)**하게 되면**
그것과 동등하게 된다.

이 경문의 골자는, 우리는 <나 자신의 의지의 힘이나 욕망의 힘으로, 나 자신의 감각(의 각 기능)을 움직인다>고 잘못 상상한다는 것이다. 소위 나의 욕망은 그 자체로는 아무런 힘이 없다.

욕망은 그것의 <아는 힘>과 <행동하는 힘> 둘 다 **쉬바** 즉 **스판다 샥티**로부터 얻는다. 그것의 바로 그 본성이 <지식>과 <행위>이기 때문이다. 그러니 사람은 <스판다의 힘[**내면의 힘**]>을 얻어야 한다.

그것은 지성(知性)의 직물로 짜는 것도 아니고, <망(亡)할 욕망>으로도 아니고, **신성**을 향해서 모든 욕망을, 개인의 의지 전체를 포기하는 것으로다.

시인 테니슨은 말한다.

"우리의 의지(意志)는 <우리의 것>이다.
[그러나] 우리는 그것을 어떻게
<당신의 것>으로 만들지를 알지 못한다."

사람의 **칫타** 혹은 마음이 완전히 그 자체를 비울 때, 그때 그것은 참으로 충만(充滿)하다.

바수굽타는 아주 중요한 것을 말한다.

샥티 즉 <신성의 창조적인 힘(力)>이 **루파, 라사, 간다** 같은 모든 지각을 거부하는 동안도, 그녀는 **스파르샤[감촉(感觸), 접촉(接觸)]**로는 남아 있다는 것이다.

어떻게 그 **실재**(實在)에 <닿을[**접촉할**]> 것인가?

크세마라자는 대답한다. "탓-사마베샷" 즉 침투(浸透)로다. **정신적으로**, 그것의 가장 내밀(內密)한 깊이로 **뛰어드는 것으로** 말이다. 이것은 <신비의 합일>이다.

이런 불평이 생각난다.

"왜 이 <육화(肉化)된 나>는 - 나는 위대한 주의 본성인데 - 모든 것에서 빛나지 않는가?
왜 이것은 <내면의 **참나**>, <그 경험자>**의 힘과**의 **접촉(接觸)**을 요구하는가?"

< 9 >
자신의 불순(不純)으로 무능해지고
행위(行爲)에 매이게 된다.
마음의 동요(動搖)가 사라질 때
그때 <지고(至高)의 상태>가 있다.

Nija-ashuddhya-asamarthasya
    kartavyeshv abhilashinah
Yada kshobhah praliyeta
    tada syat paramam padam

우리가 스판다 샥티를 잘 깨달을 수 없는 것은
아나바 말라, 마이야 말라, 카르마 말라 때문이다.
니자는 <자신>을 말하고, 아슛디는 불순(不純)을
의미한다.
이제, 아슛디[불순(不純)] 즉 말라를 설명한다.

무엇보다 <미완성의 의식으로 구성되는 경험적
존재>인 아누[지바]에 속하는 말라[제한]가 있다.
이 <아나바 말라>가 첫 번째 아슛디이다.
이것은 <쉬바의 절대 자유에 의해> 놀이로서 -
자신의 핵심적 본성을 명상[생각]하지 않으므로 -
<잇차 샥티[의지의 힘]>가 제한될 때 일어난다.

아나바 말라로부터 일어난 <마야의 다섯 가지 칸추카[덮개]>에 의해 오염된 <갸나 샥티[지식의 힘]>는 점차로 다양성의 영역에서 제한되어서, 그의 전지(全知)는 <제한된 지식>으로 감소되고, 마침내 <정신 기구[안타 카라나]> <감각 기관>의 형성으로 극도로 제한된다. 이것이 대상들 가운데 다양성의 의식을 일으키는 마이야 말라다.

<크리야 샥티[행위의 힘]>는 다양성의 영역에서 점차로 제한되게 되고, 마침내 <행위 기관>의 형성으로 전능(全能)이 <제한된 활동>으로 감소될 때, 개아는 극도로 제한된다. 그는 선악의 행위를 한다. 이것이 카르마 말라 즉 행위에 대한 제한이다.

그러므로 그런 <자신의 불순(不純)으로> 개아는 전지와 전능이 결여된다. 그래서 **무능(無能)해지고 행위(行爲)에 매이게 된다.**

그렇게 **무능**하게 되는 것으로 그는 모든 종류의 **행위(行爲)에** 집착하게 된다. - <세속적인 행위>와 <경전(經典)에서 말하는 행위> 등에 말이다.

그는 욕망하는 대상을 다 얻을 수 없기 때문에, 욕망으로 괴롭게 되고, 잠시 동안도 **본성** 안에서 "**쉼**"을 얻지 못한다.

마음의 동요(動搖)가 사라질 때
그때 <지고(至高)의 상태>가 있다.

이미 말한 논증(論證)과 또 나중에 이어질 논증과
나 자신의 경험(經驗)으로 알 수 있듯이, <욕망의
의해 힘없이 점유(占有)당하는 경험자에게 보이는>
그의 **마음의 동요(動搖)가 -** <참나가 아닌 것>을
<**참나**>로 알거나, 아니면 <**참나**>를 <**참나**가 아닌
것>으로 아는 **오해(誤解)가 사라지는 것을 통해서
- 철저히 용해될 때, 그때 <지고(至高)의 상태>** 즉
스판다 샥티가 나타날 것이다.

즉 그 경험자의 <인식의 범위> 안에 올 것이다.
스판다 샥티는 그때만 생겨나는 어떤 것은 아니다.
그것은 영원하다. 항상 거기에 있다. 단지 그것의
재인식(再認識)이 새로운 것이다.

비갸나 바이라바는 바르게 말한다.

사랑하는 자여!
모든 것을 포함(包含)하라.

"오, 사랑하는 자여!
<생각하는 **마음**[마나스]>, <확인하는 지성(知性)
[붓디]>, <생명 에너지[프라나 샥티]>, 또 <제한된

경험자[개아, 나]> - 이 네 가지가 용해(溶解)될 때, 그때 저 <바이라바의 상태[지고(至高)의 상태]>가 나타난다."

'자신의 불순(不純)으로' 구절로, <말라로 부르는 분리된 실체가 [따로] 있다>고 생각하는 사람들은 - <하나님> 외에 사탄[악마]이 별개(別個)로 있다는 생각 말이다. - 이 경문에서 간접적으로 비판될 것이다.

❀   ❀   ❀

자신의 불순(不純)으로 무능해지고
행위(行爲)에 매이게 된다.
마음의 동요(動搖)가 사라질 때
그때 <지고(至高)의 상태>가 있다.

"만약 내가 정말로 신성이라면, 나는 왜 이렇게 불완전하고, 또 초월적 신(神)의 도움을 바라거나, <내면의 **참나**>의 힘을 요구하고 있는가?"

9절은 이런 생각에 대한 답을 말한다.

신성의 전개(展開)에는 두 가지 움직임이 있다. 무엇보다 거기에는 무의식적인 물질로의 점진적인 하강이 있다.

이 <하강(下降)의 과정>에서 두 가지 일이 일어난다. 첫 번째로, 경험적 존재로서의 나는 핵심적인 **신성(神性)을 잊어버린다.** 이것이 **아나바 말라**다. 두 번째로, 그 나는 미묘하고 거친 몸에 한정된다. 이것은 **마이야 말라**다.

내가 모든 종류의 선하고 나쁜 행위에 관여함에 따라, 그것들은 나의 마음에 인상(印象)을 남기고, 그것은 <물질적 존재계의 더 많은 경험>으로 나를 끌어내리는 강한 힘으로 작용한다. 이것이 **카르마 말라**다.

이들 <제한하는 조건>이 경문이 말하는 **아슛디**[**불순(不純)**]이다.

신성의 상태로 상승(上昇)할 수 있는 것은 오직 인간의 수준뿐이다. 그러나 상승에서 주된 장애는 그의 <거짓 자아>다. 그것은 그의 인생 드라마에서 주연배우와 감독의 역할까지 하고 있다.

이 **<거짓 자아>를** 경문에서는 크쇼바 즉 **동요(動搖)**라고 부른다. 우리네 삶의 모든 좀과 열병에 책임이 있는 것은 바로 이것이기 때문이다.

이것이 용해(溶解)될 때 - **마음의 동요(動搖)가
사라질 때, 그때** <자아 망각>은 <자기 기억>으로
대치되고, 인간의 진화는 완성된다.

"그러나 <제한되고, 경험적인 개아>에서 동요가
용해되면, 그때 실재라는 것은 행위성이 전혀 없을
것이고, 마치 <파도 없는 대양>과 같을 것이다."

이런 생각을 가라앉히기 위해……

< 10 >
그때, <인식>과 <행위>가 특징인
고유한 본성이 번쩍이리라.
그것으로 그는 바라던 모든 것을
<알고> <행한다.>

Tada-asya-akritrimo dharmo
    jnatva-kartritva-lakshanah
Yatas tada ipsitam sarvam
    janati cha karoti cha

   <제한된 에고> 혹은 개아의 **아나바 말라**가 용해
될 때, 그는 스판다 샥티의 진정한 특성을 얻는다.
그것은 **고유(固有)한** <지식>과 <활동성>이다.

   타다는 <**그때**>를 의미하고,
   아-크리트리마 다르마는 <타고난, 생래(生來)의,
고유(固有)한 본성>으로, <**절대 자유**>를 말한다.
주(主)의 본성이다.
   갸트바와 카르트리트바는 빛과 지복이 조화롭게
혼합된 <**인식**>과 <**행위**>를 의미한다.
   락샤나[**번쩍이리라**]는 <항존(恒存)하는 **특징**>을
말한다.

그러므로 <갸트바·카르트리트바·락샤나>의 뜻은 <그 **번쩍이는 특성**은 빛과 지복이 조화롭게 혼합된 갸나와 크리야다>이다.

타다[그때]는 <이 특성이 **마음의 동요**(動搖)가 그치는 그 시각에, 개아에게 나타나게 된다>는 뜻이다.

왜 그것이 그에게 나타나게 되는가? 저자는 이 질문에 다음과 같이 답한다.

"<지고(至高)의 상태>로 들어가는 그 시각에, 그 상태로 들어가려는 [욕망의] 그 시각에 <그 제한된 경험자가 알거나 행하기를 욕망했던 모든 것>을, 그는 <알고> 또 <행할> 수 있다."

자나티와 카로티에 붙어서 두 번 반복되는 접사 '**차**'는 동시성(同時性)을 의미한다. 지식과 행위의 동일성이 아니다.

<지식과 행위의 동일성>은 이미 **다르마[본성]**를 밝히는 '<**인식**>과 <**행위**>가 **특징인**'에 포함되어 있다.

☯

경문을 다시 한 번 살핀다.

**그때, <인식>과 <행위>가 특징인
고유한 본성이 번쩍이리라.
그것으로 그는 바라던 모든 것을
<알고> <행한다.>**

우리[경험적 개아]의 지식[**인식**]과 활동[**행위**]은
크리트리마[인위적, 후천적]이다. **아-크리트리마** 즉
<**고유(固有)한**> 것이 아니다. 왜냐하면 첫째 그것
들은 제한되어 있고, 둘째, 그것들은 빌린 것이다.
다른 근원(根源) 즉 **스판다 탓트와** 혹은 <**더 높은
자아**>로부터 얻은 것이다.

개아의 <제한된 에고>가 용해되고, 그의 **동요**가
그쳤을 때, **그때,** 그는 돌처럼 <활기가 없게> 되지
않는다. **그때,** 그는 **갸나**와 **크리야**라는 <진정한,
생래(生來)의, **고유한 본성**>을 얻는다. 그리고 또
그것은 <**본질적 자아**>의 특징이다.

그때, 그가 알려고 하고 또 행하려고 했던 것이
무엇이든 <그의 알고 또 행하는 **무능력(無能力)**>은
그치고, 그는 이제 <자신이 알기 원하고 또 행하기
원하는 것이 무엇이든> <**알고**> <**행할**> 수 있다.

라마칸타는 말한다.

"사실을 말하자면, <신성(神性)의 **샥티**> **하나**만 있다. 그의 핵심적 본성의 **의식**(意識)인 '**나**'로서 말이다.

똑같은 **샥티**가, <인식하고 느끼는 형태>에서는 **갸나** 혹은 지식으로 알려지고, <의지적인 활동의 형태>에서는 **크리야** 혹은 행위로 알려져 있다."

이제 **바수굽타**는 스판다 샥티를 굳게 잡는 사람 에게는 - **사마디의 잔향**(殘香)**이 있는 일상에서**도 - 생사의 세계가 끝나는 것을 설명한다.

스판다 샥티는 6-7절과 9절에서 설명한 **운메샤 사마디**로 깨달을 수 있다.

< 11 >

삶의 모든 활동을 통할하는
그 본성(本性)을 보면서
놀라움으로 어쩔 줄 모르는데
어떻게 <이 지겨운 길>에 서 있겠는가?

Tam adhishthatri-bhavena
    svabhavam avalokayan
Smayamana iva-aste yah-tasya
    Iyam ku-sritih kutah

요기는, 스판다 샥티를 깨달을 때, 이것이 그의
<핵심적 자아[참나]>이지, <경험적 자아[에고]>가
아닌 것을 안다.

자신의 본성을 밀접(密接)히 관찰하는 수행자는,
명상(冥想)이 그친 후에라도, <지식>과 <활동성>을
<정상적인 보통 의식에 편재(遍在)하는 "나">로서,
또 <삶을 통할하는 원리[요소]>로서 이해한다.
여기서 <통할하는 원리[탓트와]>는 <모든 경험의
영원한 경험자인 그 원리>를 말한다.
그의 <중간 상태[마드야 다샤]> 즉 중심(中心)은
칫-아난다[의식(意識)-지복(至福)]로, 발달된다.

131

비갸나 바이라바는 말한다.

샥티여!
들숨도 날숨도 아닌 곳에 그대가

"모든 이분법적인 사고의 용해로 <중간 상태>가 개발될 때, 날숨[프라나]은 중심에서 **드와다샨타**로 나가지 않고, 또 들숨[아파나]은 **드와다샨타**에서 중심으로 들어오지 않는다.
이렇게 <날숨과 들숨이 멈추는 형태>로 자신을 나타내는 바이라비의 수단으로, **바이라바의 상태**가 드러난다."

다른 경전도 말한다.

"**의지(意志)로**, <보는 것> 등과 같은 모든 힘을 그 각각의 대상(對象) 속으로 동시에 던져버리고, <금 기둥처럼[반석처럼] 부동으로 **중간에 남으면**>, 당신[쉬바] 홀로 <우주 전체>로 나타난다."

모든 <사고 구성물>[생각과 또 <생각의 얼개>]은, 전통적 방편들에 의해, <중간 상태>를 굳게 잡는 **니밀라나 사마디**와 **운밀라나 사마디**에 의해, 사라진다.

<중간 상태>는 **니밀라나[비사르가]**와 **운밀라나
[아라니] 사마디** 둘 다에 <동시적으로> 편재한다.

그는 <**바이라바 무드라**>로 들어가고, 그 **무드라**
에서 그의 모든 감각은 <동시에> 넓게 열렸으나,
주의(注意)는 내면을 향하여 있다.

전통은 말한다.

"눈은 깜빡이지 말고, 바깥쪽을 응시(凝視)해야
한다. 그렇지만 주의(注意)는 안쪽을 향해야 한다.
이것이 모든 **탄트라**에서 비밀로 지키는 <**바이라바
무드라**>다."

그는, <마치 거울에 비치어 나타나고 사라지는
영상(映像)처럼> 그의 **의식**(意識)의 공간에서 나타
나고 사라지는 대상의 전체성을 본다. 즉시로 그의
모든 <사고 구성물>은, <보통의 경험을 능가하고,
지복으로 가득한> 그의 본성을 재인식하는 것으로,
쪼개져 흩어진다.

<경악(驚愕)의 **무드라**>로 들어가고, 그는 **놀라움
으로 어쩔 줄을 모른다**. [입은 벌어져 있으나, 혀는
말을 잊는다.] 그가 굉장한 <확장(擴張)의 경험>을
함에 따라, 갑자기 그의 핵심적인 본성이 그 앞에
온다.

아스테는 <그가 **스판다 샥티**를 단단히 잡고는, 느슨하지 않다>는 것을 암시하고,

이얌 쿠스리티는 <(생사윤회의) 이 방랑(放浪)>이 그에게는 일어나지 않는 것을 의미한다.

말리니 비자야 탄트라는 말한다.

"그 마음이 **실재(實在)**에 고정된 자는, <감각의 대상들을 즐기더라도>, 마치 연꽃잎이 물에 <닿지> 않듯이, 타락(墮落)에 닿지 않는다.

독(毒)을 제거하는 **만트라** 등을 갖춘 자는, 독을 마시더라도, 무의식이 되지 않는다.

그렇게 <지혜(智慧)의 수행자>는 (감각의 대상을 즐기는 것에 영향을 받지 않는다.)"

수행자가 **스판다 샥티**를 깨달았을 때, 그때 그는 이것이 그의 <본질적 자아>이지, <경험적인, 정신-신체적 창조물>이 아닌 것을 안다.

그는 그 창조물을 오랫동안 자신으로 여겨왔다. 그는 이제 그의 차꼬를 부수고, 진실로 자유롭게 된다.

베단타와 냐야, 그리고 불교의 중관론(中觀論)은, 마음의 동요(動搖)가 용해된 뒤에, 거기에는 단지 무(無), 공(空) 즉 <우주적인 파괴>만이 남는다고 가르친다.

　이제 그런 무지(無知)를 깨우치기 위해, 저자는 이 책의 주제인 **스판다 탓트와**의 <비(非)-보통적 특성>을 밝힌다.

< 12 > < 13 >
공(空)이 명상의 대상일 수 없고
그 상태에서 멍함이 없었다고 할 수 없다.
<회상(回想)하는 일>로 그 경험은 확실하다.
"내가 아주 <멍한 상태>에 있었군."

그러므로 <알 수 있는 형태>는
항상 <깊은 잠>과 같다.
그러나 스판다라는 이 무엇은
<회상되는 어떤 대상>이 아니다.

Na-abhavah bhavyatam-eti
        na cha tatra asti amudhata
Yatas abhiyogah-samsparshat
        "tad-asit iti nishchayah"

Atas tat-kritrimam jneyam
        saushupta-pada-vat sada
Na tu evam smaryamanatvam
        tat tattvam pratipadyate

중관론(中觀論)을 취하고 버리는 것이, <불교의
교리>와 <스판다 교리>의 두드러진 차이점이다.

<공(空)의 경험>이라는 것은 <경험자(經驗者)가 없다>는 것을 의미하지 않는다. 만약 그 경험자가 없다면, 그 <공(空)의 경험>조차도 가능하지 않기 때문이다. 이 경험자가 스판다 샥티다.

"진실로, 태초에는 이 모든 것이 있지 않았다."는 저 우파니샤드의 그 기술(記述)을 따르는 베단타의 <비(非)-존재>는 명상의 대상일 수 없다.
왜냐하면 **명상이란 항상 <존재할 수 있는 어떤 것>에 대한 것**[명상]이기 때문이다.
"**아바와**" 즉 <비-존재>는 단순히 무(無), 영(零) 곧 "0", **공(空)**이다.

만약 <존재론적인 개념>이 그것에 속하는 것으로 생각한다면, 그것은 <어떤 것[즉, 사물]>으로 취급되어야 할 것이다. 그러니 거기에는 <비-존재>의 부정(否定)이 있을 것이다.
[즉 그 경우에, 거기에는 <비-존재> 그 자체가 비-존재할 것이다. <어떤 것>이라는 것은 <존재>를 포괄(包括)하기 때문이다.]

<생각하는 자> 혹은 <명상하는 자>가 사라진 곳에서, 어떻게 그 <우주적인 소멸[완전한 소멸]>이 생각되고 또 명상될 수 있겠는가?

만약 <생각하는 자>와 <명상하는 자>가 존재하는
것으로 받아들인다면, 그러면 <우주적인 소멸>은
불가능한 개념이다. 그 경우에는 <생각하는 자>가
<(그 우주적인 소멸을) 지켜보는 자>로 **남아 있을**
것이기 때문이다.

그리고 또 **한** (사람의) **<생각하는 자>가** 거기에
남아 있다면, 그 형용사 '**우주적인**'이 붙은 소멸,
<우주적인 (완전한) 소멸>은 일어나지 못할 것이다.

그러므로 <우주적인 소멸> 즉 무(無)나 공(空)은
실재(實在)를 구성하지 않는다.

이런 것이 <마드야미카[중관론]가 처한 위치>다.

☯

공(空)이 명상의 대상일 수 없고
그 상태에서 멍함이 없었다고 할 수 없다.
<회상(回想)하는 일>로 그 경험은 확실하다.
"내가 아주 <멍한 상태>에 있었군."

그러므로 <알 수 있는 형태>는
항상 <깊은 잠>과 같다.
그러나 스판다라는 이 무엇은
<회상되는 어떤 대상>이 아니다.

138

이제 인도 불교 <마드야미카[공관론(空觀論)]의 위치>를 더 자세히 살펴본다.

상상(想像)으로 <우주적인 소멸>을 명상하는 자, 소위 <(상상의) **생각하는 자**> 혹은 <(상상의) **명상하는 자**>는, 그 명상의 완성에서, 그 자신이 <**비-존재**>가 된다. 그의 명상의 대상인 아바와[공(空), <비-존재>]와 <**동일시(同一視)[identification]**>되어 버리는 것으로 말이다.

아바와[공(空), 무(無)]에 **대한 명상**은, <무지각한 상태의 없음>이 아니다. 오히려 <**무감각한 상태**> 즉 <**지각(知覺) 상실의 상태**>다.

"그러므로 <존재>든 <비-존재>든, <**나중에 상상된 것**>은, 그 명상의 완성에서는, 명백히 <**상상의 산물**>일 뿐이다."

<우주적인 소멸(消滅)>의 형태에서 무(無)를 명상하는 일로는 <**궁극의 실재**>, <삶의 궁극적 목표>를 결코 획득할 수 없다!

만약 **순야[공(空)]가 나가르주나[용수(龍樹)]가** 말한 것처럼,

"<(외적이든 내적이든) 모든 지지(支持)를 결여한 그것>, <모든 **탓트와**[구성 요소]를 결여한 그것>, <모든 **클레샤**[번뇌(煩惱), 탐진치(貪瞋痴)]의 남은 흔적을 결여한 그것>, 그것이 **순야**[공(空)]다.

[그러나 최고의 의미에서, 그것은 그런 **순야** 혹은 공(空)이 아니다.]"라면,

그때 **카시미르 쉐이비즘**의 대답은 이것이다.

"사실이다. <**칫-아난다**[**의식-지복**]>로 구성되는 <절대적으로 자유(自由)인, 궁극적인 상태[**삿**]>를 모든 것의 기초[근저(根底)]로 받아들인다면,

비갸나 바이라바가 말하듯 <공에 대한 명상>은 '**의식(意識)**'이라는 <신성하고 **지고(至高)한 것**>을 그 기초로[밑바탕으로] 두고서 명상해야 한다.

'**<지고(至高)한 것>은 방향(공간), 시간 등에 속하는 모든 개념에서 자유롭다.**'

그렇지 않으면, '그런 **공(空)**이 아니다'는 기술은 위에서 설명한 것처럼 모든 의미를 결여하게 될 것이다.

알로카말라가 말하듯, '보통의 대중적인 믿음을 따라 <우리 자신들처럼 사람들에게 알려지지 않는 어떤 것>, 그런 상태를 그냥 공(空)이라고 말한다. 무신론자들이 말하는 의미의 무(無)가 아니다.'"

이것은 사실(事實)이다. 그러나 그것이 **<우리[의 진정한] 자신>처럼 사람들에게 알려지지 못한다면, 그것은 <알려질 수 없는 것[불가지(不可知)]>이라고 말해야 한다. 그것은 <표현하는 것>이 불가능하다.**

그런데 왜 그것을 "공(空)"이라고 부르는가?

그렇지만 공[혹은 명상(冥想)]이라고 부르더라도, 그것이 <생각될 수 있는 한>은, 참으로 <알려질 수 있는 것>이다. 왜냐하면 그런 것의 존재는, 우리의 생각에서는 <그려지기> 때문이다.

만약 <내>가 그 상태를 깨달을 수 없다면, 그때 <나>는 그 상태를 깨닫는 데 능숙한 <진정한 영적 안내자>를 겸손히 따라야 한다. **괜히 공(空) 같은 용어를 사용하면서, 나 자신의 판단을 따르지 말라.** [그런] <나 자신>과 또 다른 것들은 <미망(迷妄)의 거대한 심연> 속에 던져버려라.

어떻게 <그 [명상] 상태>에서 무감각(無感覺)이 있는 것을 알 수 있는가?

아비요가라는 말은 "어떤 상태에 내가 있었지?" 라며, <사마디나 초월(超越)로부터 벗어난 사람이 말하는 - **<회상(回想)하는 일>**로 말하는 - 본성에 대한 고백(告白)>이다. "**그 경험**" 때문이다.

"타다싯 이티 니슈차야[tadasit iti nishchaya]."
"내가 아주 <멍한 상태>에 있었군."

그러므로 우리의 <무감각의 그 상태>는 인위적인 것이다. 가짜다. 즉 상상의 것이다. 그런 방식으로 회상(回想)된 것이기 때문이다.

반면에 <경험된 무감각의 그 상태>는, <비-존재> 혹은 공(空)이 아닌, **단지 <그 경험을 가진 경험자 혹은 아는 자>의 존재를 선언할 뿐이다!**

소위 <우주적인 소멸>의 상태에서, **<아는 자>**인 **<의식(意識)[칫]의 분화하지 않은 상태>**는 분명하게 거(居)한다. 그러나 그것을 <비-존재>라고 말하는 것은 결코 가능하지 않다.

☯

"기억은 <이미 관찰된 것>, <결정된 것>의 것만 가능하다. 예를 들어 '푸르다' 등 같은 것 말이다. 그러나 <공(空)인 그것>은 결정될 수 없다. **붓디**의 <결정[**확인**]하는 기능>은 억압되어 있었다.

그런데 어떻게 그것을 <무감각이라는 '그런 것이 있었다.'>는 <직후(直後) **확인**[결정]>의 기초 위에 있다고 말하는가?"

그런 것은 단지 <알려진 것> 즉 대상(對象)만의 조건이다. 자아 안에 유지된 인상(印象)을 통해, <알려진 것> 즉 **대상은 <이것[인 것]인 무엇>으로 결정[확정]되지 않는 한**, 그것은 기억될 수 없다.

공(空) 등의 상상적인 상태에서 제한되었더라도, **<아는 자>** 즉 주체(主體)는 <[틀에 박힌, 상투적인 것이 아닌] 실제의, **"살아 있는" 궁극의 실재**>로서 거한다. 그는 그 자신과 분리될 수 없다.

그러므로 **거기에는 <그>인 것을 확정하는 생각 혹은 인식이 있다. <그 상태>에서 <나인 무엇>으로 <아는 자>가 있다. 이것은 <자아(自我) 경험>에서 명백하다. 우주에 대비하여 극히 한정된 것으로서, 기억에서 직후로 회상되는 것은 바로 <공(空)의 - 공(空)을 경험한 - "이 경험자(經驗者)">**다!

그러므로 여기에 불일치는 없다. 이것이 정확한 위치이기에, <공의 상태>는 인위적인 것일 뿐이다.

"그러므로 <존재>든 <비-존재>든, 그것이 이후에 생각된 것이면, 그것은 단지 <상상의 산물>이다."는 말처럼, **<공의 상태>라는 것은 <비(非)-존재>라는 상상적 개념에 의해서만 생길 수 있다.**

지고의 주(主)는, <진정한 지식>을 감추기 위해, 바보들에게 **실재(實在)**를 "**공(空)**"으로 보여준다. 그래서 그들은 **공**을 성취해야 할 목표로 받아들일지도 모른다.

게암[알 수 있는]이란 말은 <**알 수 있는 형태**>란 의미이고, 그것은 **항상 <깊은 잠>과 같다**는 것을 보여주는 예(例)로서 사용되었다.

☯

공(空)이 명상의 대상일 수 없고
그 상태에서 멍함이 없었다고 할 수 없다.
<회상(回想)하는 일>로 그 경험은 확실하다.
"내가 아주 <멍한 상태>에 있었군."

그러므로 <알 수 있는 형태>는
항상 <깊은 잠>과 같다.
그러나 스판다라는 이 무엇은
<회상되는 어떤 대상>이 아니다.

모든 사람이 <어떤 노력도 없이> 무감각한 것과 같은 <깊은 잠의 경험>을 할 수 있다.

그러면 <명상이라는 [피나는] 노력으로>만 얻을 수 있는 <**공(空)**>은 도대체 무슨 소용이 있는가?

<잠>과 <공(空)> 둘 다 비실제인 것에서는 비슷하다. 베단타와 냐야, 상키야, 불교의 중관론 등 많은 철학이 공(空)의 이 거대한 <무감각(無感覺)의 대양> 속으로 떨어졌다.

　그러나 순야[공(空)]는 스판다 샥티[실재(實在)] 속으로 들어가려고 열망하는 자들에게는, 그들의 노력이 느슨해질 때, 방해물로 증명되었다. 이것은 1장 25절에서 다시 다룬다.

그때 그 거대한 공간에서
<깨어 있지 못한 사람들>은 분별을 잃지만
깊은 잠과 같은 무감각에 있지 않은 자는
<완전히 깨어 있는 이>로 그곳에 굳게 선다.

　그릇된 이론을 깨려는 바수굽타의 엄청난 노력에 저절로 고개가 숙여진다. 그런 교리는 금해야 할 위치인 것이 분명하게 되었더라도, **"대상 쪽으로 향하는 노력"**(1:15)에서 더 확고하게 할 것이다.
　불교(佛敎)의 결점이 노출되면, 베단타의 결점도 노출된다. 그들의 논점이 비슷하기 때문이다. [서로 영향을 주고받았다는 것은 잘 알려진 사실이다.]

　이제 논의해야 할 주제로 돌아가자.

그러나 스판다라는 이 무엇은
<회상되는 어떤 대상>이 아니다.

스판다라는 이 무엇은 공(空)처럼 회상(回想)될
수 없다. 그것은 결코 "부재(不在)하다"고 말할 수
없다. 그것은 <모든 경험(經驗)에서>, 그 <경험자
[아는 자]로서> 항상 있기 때문이다.

그래서 어떤 경전은 말한다.

"아, 무슨 방법으로 <아는 자>를 알 것인가?"

<실재 속으로 들어가는 그 상태>가 프라나 등의
인상(印象) 때문에 기억되더라도, 사람이 명상 뒤에
정상적인 [보통의] 의식 상태로 돌아올 때, 스판다
탓트와는 단순히 기억되지 않는다. 그것은 오히려
<최고의 경험자>, <모든 경험 안에 포함되어 있는,
방해 받지 않는 '빛'과 '지복'의 정수(精髓)>다.

2장 4절에서 말하듯 "그러므로 말이든 대상이든
생각이든 <쉬바가 아닌 상태>는 없다." 그러므로
<의식(意識)의 방해받지 않는 지복>인 이 스판다는
결코 <기억의 대상>이거나 <무감각의 상태>일 수가
없다.

<나 프라티파댜테>의 구절로, 스판다 탓트와는
<회상되는 어떤 대상(對象)>으로는, <기억(記憶)의
대상>으로는 결코 알려질 수 없다고 말한다.

공(空)이 명상의 대상일 수 없고
그 상태에서 멍함이 없었다고 할 수 없다.
<회상(回想)하는 일>로 그 경험은 확실하다.
"내가 아주 <멍한 상태>에 있었군."

그러므로 <알 수 있는 형태>는
항상 <깊은 잠>과 같다.
그러나 스판다라는 이 무엇은
<회상되는 어떤 대상>이 아니다.

이 두 절은 아주 중요하다. 불교의 중관론에서는
궁극의 실재가 순야 혹은 공(空)이라고 한다. 거기
에는 <아는 자>도 <지식>도 <알려지는 것>도 **없다.**
<주체>도 <대상>도 <인식[의 수단]>도 **없다.** 그런
상태는 "**공(空)**"이라는 말보다 다른 어떤 말로도
특징지을 수 없다.

그러나 어떻게 **궁극의 상태**가 단지 **공**(空)하다는 것으로 알려지겠는가?

중관론은 말한다.

"우리는 **사마디**에서 그것[**공**]의 경험을 가진다. **사마디** 안에서는 <'나'라는 의식[주체]>도 <'이것'의 인식[대상]>도, <그 둘 사이의 어떤 연결[지식]>도 없다."

그런데 그들은 **어떻게** <그런 상태가 있(었)다>는 것을 아는가?

이 반문(反問)에 대한 유일한 대답은 이것이다. "**사마디** 뒤에, <차후의 기억>에서 우리는 그러한 상태가 있었다는 것을 안다."

중관론을 세 가지로 비판한다.

첫째, **아바와**[비-존재] 혹은 **순야**[**공**(空)] 혹은 <대상성의 완전한 부재(不在)>의 그 경험은 **무다타** 즉 잠과 같은 <지각이 없고, 인식이 없는 상태>다. 그런데 <그런 상태>가 어떻게 알려지는가? 그것은 **아비요가** 즉 <기억의 회상>으로 알려져 있다.

148

그러나 그것은, 잠처럼 단지 <마나스의 특별한 상태>다. 그것은 단지 지나가는 국면이지, 영원한 어떤 것이 아니다. 그것은 **실재**[스판다 탓트와]의 특성일 수 없다.

둘째로, 이 경험은 <기억의 문제>이기 때문에, **실재(實在), 스판다 탓트와, 쉬바, 경험자, 아트마, <본질적 자아>**의 - 우리가 무엇이라고 부르든 - 특성일 수 없다.

기억은 <회상(回想)의 문제>이기 때문에, **회상은 <회상하는 자> 없이는 가능하지 않다.** 이 스판다 탓트와는 그 **<회상하는 자>**이지 **<회상되는 어떤 것[대상]>이 아니다.** 이것이 13절이 말하는 것이다.

**그러나 스판다라는 이 무엇은
<회상되는 어떤 대상>이 아니다.**

칼라타는 말한다.

"**<공(空)의 상태>**는 **사마디** 후에 <과거의 경험>으로 기억된다. 이는 **아트마** 혹은 **스판다 탓트와**의 특성이 아니다.

첫째로, **아트마** 혹은 **스판다**는 **의식**의 본성이기 때문이다. 그리고 '**의식**이 <감각이 없는 것>으로 기억된다.'고 말하는 것은 용어에서 (이미) 모순일 것이다.

둘째로, 그것은 항상 <경험자> <인식자> <아는 자>다."

셋째, 그러나 중요한 것은 중관론의 공의 경험이 아니다. 그것은 <트리카 철학[카시미르 쉐이비즘]>에서도, <순야 프라마타[공의 경험자]>를 말한다.

결정적인 것은 중관론이 순야[공(空)]를 <실재의 특성>이라면서, <프라마타[경험자] 같은 그런 것은 없다[무아설(無我說)]>고 주장한다는 것이다.

이것에 대해 스판다 카리카의 저자는 두 가지를 증명하는 데 수고를 아끼지 않는다.

첫째는, 그 경험자는 <항상 "현존하는" 주체>다. 그것은 결코 대상(對象)으로 환원될 수 없다. 항상 베다카[주체]이지 베댜[대상]가 아니다.

둘째, 그것은 모든 경험을 통해서 실처럼 달린다. <공의 경험>조차도 그 경험자가 없이는 가능하지 않을 것이다. <부정(否定)하는 자>조차도 바로 그 부정에서 그것[경험자]을 견고하게 한다.

샹카라의 말처럼, "<부정(否定)하는 자>는 단지 <아트마의 존재를 긍정하는 것>이다."

그 **경험자**(經驗者)에게는 결코 휴일(休日)이 없고 또 휴식(休息)도 없다. "**그**"가 **없이는 어떤 경험도 가능하지 않기** 때문이다. [<죽음의 – 우주적 소멸, 공(空)의 – 경험>조차도 말이다.]

카타 우파니샤드의 말처럼, "그것[**실재**]은 모든 나타남을 가능하게 만드는 **빛**이다."

"2절에서 이 우주는, 이 모든 대상성은 그 안에 남으며, 그로부터 일어난다고 말했다. 그것은 의식 그 자체가 우주적인 대상성의 형태를 떠맡는 것을 의미한다. 다른 말로, **의식**은, 그 본성을 포기하는 것으로, 부정(否定)[소멸]이나 **공**의 인위적인 형태를 떠맡는다.

이런 사실에서, 그것이 어떻게 <방해받지 않는 지복>이고, 결코 <지각이 없는 것>이 아니라고 할 수 있는가?"

제 4 장

스와루파 스판다 IV

1. <행위자 혹은 주체>는 불멸이다
2. 그들을 끌어내는 것은 어렵다
3. "무엇을 말하든 나는 행하리라."

< 14 > < 15 > < 16 >

스판다는 <두 가지 상태>로 있다.
<행위자 혹은 주체>와 <행위 혹은 대상>.
<행위 혹은 대상>은 사라지지만
<행위자 혹은 주체>는 불멸이다.

<공(空)의 사마디>에서는
대상 쪽으로 향하는 노력만 사라진다.
그 노력이 사라지자, 바보만이
"나는 있기를 그쳤다."고 생각한다.

<내면(內面)의 본성>은
전지(全知)라는 속성의 거처(居處)로,
아무 대상도 인지(認知)할 수 없는 경우라도
결코 사라질 수 없다.

< 17 >
<완전히 깨어 있는 이>는 그 지식(知識)을
세 가지 상태에서 끊임없이 갖지만
<부분적으로 깨어 있는 이>는
처음과 마지막에서만 그렇다.

< 18 >
<지식>과 <그 대상>의 형태로
그 힘을 가진 주(主)는
<깨어 있을 때>, <꿈꿀 때>는 그 들로 나타나고
<잠잘 때>는 의식(意識)으로 나타난다.

< 19 >
구나로 시작하는 <스판다의 특별한 현현들>은
<일반적인 스판다>를 의지해서 존재하는데
<자신의 본성을 완전히 깨달은 이>의
그 길에는 결코 설 수 없다.

< 20 >
<깨어 있지 못한 사람들>의 본성에
항상(恒常) 덮개를 씌우는 이것들은
끔직한 윤회계의 대양으로 밀어 넣는다.
거기에서 그들을 끌어내는 것은 어렵다.

< 21 >
그러므로 항상 주의(注意)하여
스판다 탓트와를 알아채야 한다.
그런 사람은 <깨어 있는 동안>
순식간에 <핵심적 상태>를 얻는다.

< 22 >

크게 격분(激憤)했거나, 미칠 듯이 기쁘거나
곤경(困境)에 빠져 어찌할 바를 모를 때,
목숨을 걸고 도망치는 상황에 처했을 때
거기에 만세반석(萬世磐石)의 스판다가 있다.

< 23 > < 24 > < 25 >

<신성의 의식(意識)>을 파지(把持)하고
<깨어 있는 수행자>는
"무엇을 말하든 나는 행하리라."
이런 결심으로 결연히 남는다.

스판다의 경험에 쉬는 것으로
프라나와 아파나는 수슘나로 합병되고
브라흐마란드라와 몸의 영역을 떠나
<우주 의식>의 공간으로 완전히 용해된다.

그때 그 거대한 공간에서
<깨어 있지 못한 사람들>은 분별을 잃지만
깊은 잠과 같은 무감각에 있지 않은 자는
<완전히 깨어 있는 이>로 그곳에 굳게 선다.

< 14 > < 15 > < 16 >
스판다는 <두 가지 상태>로 있다.
<행위자 혹은 주체>와 <행위 혹은 대상>.
<행위 혹은 대상>은 사라지지만
<행위자 혹은 주체>는 불멸이다.

<공(空)의 사마디>에서는
대상 쪽으로 향하는 노력만 사라진다.
그 노력이 사라지자, 바보만이
"나는 있기를 그쳤다."고 생각한다.

<내면(內面)의 본성>은
전지(全知)라는 속성의 거처(居處)로,
아무 대상도 인지(認知)할 수 없는 경우라도
결코 사라질 수 없다.

Avastha-yugalam cha-atra
    karya-kartritva shabditam
Karyata kshayini tatra
    kartritvam punar akshayam

Karya unmukhah prayatnah yah
    kevalam sah-atra lupyate
Tasmin lupte
    viluptah asmi iti abudhah pratipadyate

Na tu yah antarmukhah bhavah
    sarvajnatva-guna-aspadam
Tasya lopah kadachid-syat
    anyasya-anupalambhanat

아바스타-유갈람 차-아트라에서 아트라는 스판다 탓트와를 말하고,

카르야-카르트리트바-샤브디탐은 [스판다의 <두 가지 상태>가] <행위>와 <행위자>라는 **말, 언어에 있다**는 것을 의미한다.

실재에 있어서는, <두 가지 상태>는 단지 <**하나**> 즉 <절대적으로 자유롭고 빛의 덩어리>인 **쉬바**다.

어떤 방식으로도 **행위자 혹은 주체**(主體)의 존재로부터 다르지 않은 이 **샥티**는,

<빛의 형태 안에서> **행위 혹은 스판다 샥티**에 의해 편재(遍在)하고, **쉬바**와 동일성으로 나타나고, **탓트와**[<구성 요소>]와 **부와나**[세계], 몸, 그리고 <그들의 부재(不在)> 등의 형태를 떠맡는 것으로 **대상**(對象)이라고 부른다.

왜냐하면 그것 외의 어떤 다른 어떤 요소[원리]도 인과관계(因果關係)를 가질 수 없기 때문이다.

이슈와라-프라탸비갸는 말한다.

"어떤 것을 존재계 안에 **<낳는 일[싹트는 일]>은** - 그 <싹트는 일[창조하는 일]>이 이미 그 원인에 존재하는 것으로 생각하든, 아니면 존재하지 않는 것으로 생각하든 - **<무감각한 무엇[씨앗]>의 힘에 있지 않다.** 그러므로 인과관계(因果關係)는 실제로, **<행위자**[창조자]>와 그 **<행위**[창조의 대상]> 사이의 관계다."

창조자의 창조성은, <시간, 공간 같은 여러 가지 현현을 묶고 가르는 과정에 의해>, **그**[창조자]가 '몸' '푸르다' 등의 수많은 **사물**(事物)로 나타나는 사실로 이루어진다.

마치 <거울 속의 영상(映像)처럼> **의식**(意識)의 핵심적 본성과 다르지 않은 것이지만, 다른 것처럼 보인다. [거울 속의 영상은, 사실은 거울과 다르지 않지만, 거울과 다른 것처럼 보인다.]

<**"그"가 현현한다는 것**>은, <그것의 (외부적인 형태로서는) **사라지는 일**>이다. 그렇지만 <그것의 사라지는 일>은 <그것의 **"이것[인 것]"**[대상성]의 가라앉음>과 <**"나"**로서 거(居)하는 것> 외에 다른 것이 아니다.

그러므로 **주**(主)에 의해 현현되고 철수되는 것은 '몸' '푸르다' 같은 <대상적인 측면>일 뿐, **"나"**와 동일한 <주체의 측면>이 아니다. 개아(個我)가 주체로서 몸속에 들어갔더라도, 그것은 **주**와 동일하다.

그러니 대상과 주체에서, 대상은 사라질 것이고, **의식**(意識)과 동일한 <**행위자 혹은 주체>는 불멸**(不滅)**이다**. 세상의 현현과 철수에서조차도 **불멸**의 <주체와 창조자>인 **그**의 본성에서 벗어나지 않기 때문이다.

만약 **"그"가 사라진다면, 세상의 현현과 철수는 인식될 수 없을 것이다**. 그러므로 <무감각의 상태>에서조차도, 스판다 샥티는 <방해받지 않는 지복의 정수>와 더불어 **"감각적인 것"**이다. [<홀로> <살아 있고>, <깨어 있다>!]

이런 질문이 있을 수 있다.

"<공에 대한 명상의 절정(絶頂)>에서와 <깊은 잠>에서, 그 상태에서는, 그것의 활동성[창조성]은 어디서도 보이지 않기 때문에, 우리는 그것을 알지 못한다.

그런데 어떻게 <그것 즉 영원한 배우(俳優) 혹은 창조자가 있다>고 말할 수 있겠는가?"

사실이다. 대상에 대한 인식(認識)의 모든 작업이 그치면, <[감각 등이] **대상 쪽으로 향하는** 것으로 이루어진> 그 **노력만 사라진다.** 그것이 사라지면, 오직 **바보만이** - <주체의 감각(感覺)>이 <공(空)에 대한 명상> 때문에 가리어져 있다. - "**나는 있기를 그쳤다.**"고 생각한다.

그러나 **자신의 본성이 <"나-의식"이라는 내면의 빛인 [것을 "느끼는"] 사람>**에게는 <**"나는 있기를 그쳤다."**는 일>은 결코 가능할 수 없다. 그러므로 그는 <**전지**(全知)[omniscience]**의 거처**(居處)>다. 전지는 또 **전능**(全能)[omnipotence]을 포함한다.

아무도 "그 <**내면의 본성**>이 그친 것을 인식한 자(者)"일 수가 **없다.** 만약 <그런 사람>이 있다면, 그것은 <**그쳤다고 인식하는, 내면의 의식**(意識)>이 바로 "**그**"라는 의미다.

만약 <그런 사람>이 없다면, 그러면 어떻게 그런 <**그쳤다**는 상태>가 있었는지 <알고[**인지**하고]> 또 그렇게 말할 수 있는가?

<내면(內面)의 본성>은
전지(全知)라는 속성의 거처(居處)로,
아무 대상도 인지(認知)할 수 없는 경우라도
결코 사라질 수 없다.

<그 자신> 외에는 아무도 주체의 그침을 느끼지 않는다. 그의 본성은 <**의식**이라는 빛>이다. 그런데 어떻게 그의 그침이 주장될 수 있겠는가? 그러므로 "**인지**(認知)**할 수 없는 경우라도**"라는 것은 '<다른 별개(別個) 주체>의 인식하는 일은 부재(不在)하기 때문에'의 의미다.

마치 <항아리의 부재>는 <항아리 없는 땅을 보는 것>으로 확인되듯이, <자아(自我)의 부재>라는 것도 <자아 없는 어떤 상태를 보는 것>으로 확인될지도 모른다.
그러나 이 경우에서는, "<자아의 부재>를 인지(認知)하는 그 존재[무엇]"는 피할 수 없는 것이다. 그러므로 "<자아의 부재>를 <인지(認知)하는 자>가 존재하지 않는다."는 것은 성립될 수 없다.

만약 <어떤 **대상 쪽으로 향하는 노력[행위]**>이 그치는 것에 따라 <**행위자**[향하는 자]**>도 그친다면**, 그러면 그 후속(後續) 시간에 거기에는 어떤 몸의 인식도 없을 것이고, 거기에는 어떤 존재도 <인식하지 못하는 사건>이 일어났을 것이다.

아무리 멍청이라도 <다른 것> 즉 <잠자는 동안 등에서 외적인 노력>을 인식하지 못한다고 해서, 어떻게 <내적인 존재>까지 그친다고 의심하겠는가! **바보**들에게는, 한 가지 사물[행위]이 사라지는 일은 "**다른 것**"에도 영향을 주기 때문인가?

그러므로 <다른 것[**대상 쪽으로 향하는 노력**]>을 인식하지 못하는 것으로는, 결코 <**내면의 인식하는 자**>가 사라지는 일이 있을 수 없다. 이 인식자는 바로 **의식(意識)**이다. **전지(全知)의 거처(居處)**인 이 <**내면(內面)의 본성**>은 <**행위 혹은 대상**>의 <부재의 상태> 또한 알기 때문이다. 그렇지 않으면 그 <부재의 상태>는 증명될 수 없다.

안타르무카-바와[<**내면(內面)의 본성**>]는 이렇게 해석되어야 한다.
안타는 <완전한 "나"임>을, **무캄**은 <주된>으로, 전체적인 의미는 <완전한 "나"임이 주된 특징>인 **스판다 탓트와**를 말한다.

라마칸타는 그것을 다음과 같이 명확히 한다.

"**자아**(自我)는 **지식**과 **행위**의 두 가지 주된 힘을
갖는다. 잠자는 동안 등의 <내부와 외부의 감각>이
그칠 때는, 자아를 향해 있는 <**지식의 측면**>만이
현저하다. 그것이 **안타르무카-바와**[<**내면**(內面)**의
본성**>]라는 표현이 사용된 이유다."

☯

스판다는 <두 가지 상태>로 있다.
<행위자 혹은 주체>와 <행위 혹은 대상>.
<행위 혹은 대상>은 사라지지만
<행위자 혹은 주체>는 불멸이다.

<공(空)의 사마디>에서는
대상 쪽으로 향하는 노력만 사라진다.
그 노력이 사라지자, 바보만이
"나는 있기를 그쳤다."고 생각한다.

<내면(內面)의 본성>은
전지(全知)라는 속성의 거처(居處)로,
아무 대상도 인지(認知)할 수 없는 경우라도
결코 사라질 수 없다.

위의 경문은 두 가지 중요한 것을 말한다.

첫째, **스판다 탓트와** 즉 신성(神性)은 <**주체**>와 <**대상**> 두 가지 면으로 나타나는데, 대상은 썩고 변하게 되지만 주체는 결코 그렇지 않다는 것이다.

불교의 중관론은, 궁극적인 분석에서, <사라지는 것은 대상뿐만 아니라 주체도 그렇다>고 주장한다. 그러나 저자는 <**주체(主體)는**, 그 본성이 썩거나 변하지 않기 때문에, **결(決)코 없어질 수 없다**>는 것이다.

둘째, 공(空)에 대한 명상에서 존재하기를 그쳤던 것은 <외부의 **대상 쪽으로** 가는 **노력**>일 뿐이다. 그러므로 <**있기를** 그쳤던 것>은 단지 **대상(對象)**일 뿐이다.

라마칸타는 말한다.

"<**공**에 대한 명상>에서는 - 거기서는 <대상성의 결여>로 내적, 외적인 감각 기관의 기능이 그쳤기 때문에 - <**자아(自我)**[아트마]의 그침이 있다>고 결론짓는 것은 완전히 잘못된 생각이다."

[<**공**에 대한 명상>이 잘 그려지지 않은 경우는,

<아주 캄캄한 어떤 곳에 (갇혀, 묶여) 있는 자신>을 한번 상상해 보라.

거기에서는 당장, 내 **몸**의 경계를 알 수가 없다. 빛이라고는 없고, 들리는 소리도 없기 때문에, 나의 눈과 귀는 이제 아무런 쓸모가 없다.

이런 것을 <감각 박탈(感覺剝奪)>이라고 하는데, 그렇다고 해서 <(그런 눈과 귀를 가진) 내>가 없는 것은 아니다.

<내적인 감각 (기관)> 즉 **마음**에서도 똑같다.]

☯

<깨닫지 못한 이>가, 자신의 감각 기관의 외부 활동에 대한 정지를 보고, 정당하다고 할 수 없는 **<경험자** 혹은 **자아**의 그침>을 단언(斷言)하는지를 논의한 후,

이제 저자는 <완전히 깨달은 자>와 <부분적으로 깨달은 자>가 **자아**를 어떻게 여기는지를 기술한다.

< 17 >
<완전히 깨어 있는 이>는 그 지식(知識)을
세 가지 상태에서 끊임없이 갖지만
<부분적으로 깨어 있는 이>는
처음과 마지막에서만 그렇다.

Tasya-upalabdhih satatam
    tri-pada avyabhicharini
Nityam syat suprabuddha-sya
    tad adi-ante parasya tu

   <완전히 깨어 있는 요기[수프라붓다]>는 <깨어
있을 때> <꿈꿀 때> <잠잘 때> 세 가지 모두에서
스판다 샥티의 통합적인 경험을 갖는다.
   그러나 <부분적으로 깨어 있는 이>는 <깨어 있을
때> <꿈꿀 때> <잠잘 때>의 **처음과 마지막에서만**
그런 경험을 가진다. 그 중간[처음과 마지막 사이]
에서는 아니다. **쉬바 수트라**는 말한다.

중간에는 못한 것이 나타난다.

   "그 중간에는 마음의 저급한 상태가 일어난다."

타샤는 <진정한 **본성(本性)에>를,

우팔랍디는 <방해받지 않는 지식>을 의미한다.

<**완전히 깨어 있는 이**>는, 그 과정을 굳게 잡는 것으로, <깨어 있을 때> <꿈꿀 때> <잠잘 때>의 세 가지 상태에서 각성(覺醒)을 갖는다.

<**완전히 깨어 있는 이**>는 깨어 있지 못한 일의 남은 흔적에조차도 완전히 자유로운 자다.

니트얌은 <항상>으로, "처음에, 중간에, 그리고 마지막에"의 뜻이다.

아뱌비차리니는 <바꿀 수 없는, 빛나가지 않는, 없어지지 않는>으로, "<**완전히 깨어 있는 이**>는, 그 본성(本性)이 <**쉬바와 동일하게**> 항상 빛나는 자다."라는 뜻이다.

각각의 <특정한 지식>이 있는 세 가지 상태에서, <**부분적으로 깨어 있는 이**>는 각 상태의 **처음과 마지막에서만** 스판다의 각성을 갖는다.

처음에서는 "그 상태가 지금 막 시작하려고 할 때"를 말하고, **마지막에서**는 "그 인식자의 마음이 내면으로 철수되는 그 그침에서"의 의미다.

그는 각각의 <특정한 지식>이 있는 세 가지 상태 그 중간에는 이 각성을 가지지 못한다.

깨어 있을 때의 적절한 <특정한 지식>은 <각각의 대상(항아리, 꽃)에 대한 지식>으로, 모든 사람에게 공통적이다.

꿈꿀 때의 적절한 <특정한 지식>은 그 <특정한 꿈꾸는 자>에게만 있고,

잠잘 때의 적절한 <특정한 지식>은 모든 사람의 <경험의 남은 흔적[삼스카라]>에만 있다.

쉬바-드리슈티에서 소마난다가 한 말은 옳다.

"**쉬바타** 즉 <진정한 '경험자(經驗者)의 상태'>에 대한 각성은 모든 지식의 처음에 관찰될 수 있다.

아니면 끝에 관찰될 수 있는데, 그것은 (마음이 내면으로 철수될 때) 그 지식이 끝나기 때문이다."

밧타 롤라타도 각성이 <**부분적으로 깨어 있는 이**>의 경우는 깨어 있고, 꿈꾸고, 잠자는 각 상태의 처음과 마지막에만 있다고 했다.

<**부분적으로 깨어 있는 이**>는 각 상태의 **처음과 마지막에서만** 이 스판다 샥티에 대한 각성을 갖기 때문에, 그는 교육(敎育)과 수련(修練)으로, 완전히 깨어 있게 되어야 한다.

쉬바 수트라에서 "항상 안팎에 깨어 있어라."고 신신당부(申申當付)한 바수굽타는…… <깨어 있을 때> 알아채는 일에 주의(注意)할 것을……

그러므로 항상 주의(注意)하여
스판다 탓트와를 알아채야 한다.
그런 사람은 <깨어 있는 동안>
순식간에 <핵심적 상태>를 얻는다.

그때 그 거대한 공간에서
<깨어 있지 못한 사람들>은 분별을 잃지만
깊은 잠과 같은 무감각에 있지 않은 자는
<완전히 깨어 있는 이>로 그곳에 굳게 선다.

유사하게 "꿈꾸는 동안과 잠자는 동안도" 또한 "사람은 항상 깨어 있는 것으로 남아야 한다."

여기서는 <부분적으로 깨어 있는 이>를 완전히 깨어 있도록 - 그가 세 가지 상태의 시작과 끝에서 네 번째의 지복으로 가득하듯 - <대상을 확인하는 것>으로 이루어진 중간 상태에서도 네 번째의 그 경험으로 채워지도록 가르침이 주어졌다. 이것은 나중에 설명될 것이다.

쉬바 수트라는 말한다.

깨어 있을 때, 꿈꿀 때, 잠잘 때
투리야를 누린다.

　"세 가지 상태에서 **나-의식**의 기쁨을 향유하는 것으로, 그는 진실로 감각의 **주**(主)다."(1:7)

세 가지에 네 번째를 기름처럼

　"<아트마 의식>이라는 **네 번째** 상태가 기름처럼 세 가지 상태에 쏟아 부어져야 한다."(3:20)

☯

<완전히 깨어 있는 이>는 그 지식(知識)을
세 가지 상태에서 끊임없이 갖지만
<부분적으로 깨어 있는 이>는
처음과 마지막에서만 그렇다.

　세상에는 세 가지 종류의 경험자가 있다.

(1) <보통의 경험적 자아[에고(ego)]>로, 영적인 **실재**에는 완전히 무지하고, **아프라붓다** 즉 <깨어 있지 못한 자>다. 우리 대부분을 말한다.

그는 **요가** 즉 영성 수행(靈性修行) 같은 것에는 도무지 관심이 없다. 그는 아직 <이런 가르침>을 살피기에는 적합하지 않다.

그는 <자신의 몸이 건강(健康)하고, 재산(財産)이 넉넉하여, 이 세상에서 오래도록 잘 사는 것>으로 만족한다. 그들에게 하늘의 가호(加護)가 있기를!

(2) <**부분적으로 깨달은** 수행자>다.

그는 핵심적 **참나** 혹은 스판다 탓트와에 약간의 **경험(經驗)이 있다.** 그러나 그는 깨어 있고, 꿈꾸고, 잠잘 때의 처음과 마지막에는 그것을 알아채지만, 중간에서는 알아채지 못한다. **스판다 탓트와** 혹은 **<신성의 상태>의 경험은 그의 경우에는 영속적으로 현존하지 않는다.** [시인(詩人) 등에서 가끔 본다.]

그는 **프라붓다**[<**부분적으로 깨어 있는 이**>]다. 그러나 **수프라붓다** 즉 <**완전히 깨어 있는 이**>에 비(比)하면 그 역시 아직 **아프라붓다**[<깨어 있지 못한 이>]로 여겨진다.

그는 <영성 수련(靈性修練)>에 적합한 후보자다! 여기의 <이런 가르침>은 그의 개선(改善)을 위해 주어진 것이다.

(3) **수프라붓다**. 가끔은 단순히 **프라붓다**라고도 하는데, **스판다**의 통합적인 각성을 갖는 경험자다. 즉 그는 <깨어 있고, 꿈꾸고, 잠잘 때>의 세 가지 모든 상태에서 방해받지 않는 각성을 갖는다.

그는 **요가**의 가르침이 필요하지 않고, <진화의 단계>에서 인간에게 열려 있는 최고의 경험을 이미 얻었다.

그러나 그들은 <이런 책을 통해>, 단지 자신의 그 경험을 <언어화(言語化)한 (또 다른) 표현으로> 확인할 수 있다.

여기 17절은 수행자의 두 번째와 세 번째 부류에 대한 기술(記述)이다.

이제 저자는 <**완전히 깨어 있는 이**>가 세 가지 상태의 각각에서, <어떤 종류의 경험을 가지는지> 분리해서 보여준다.

< 18 >
<지식>과 <그 대상>의 형태로
그 힘을 가진 주(主)는
<깨어 있을 때>, <꿈꿀 때>는 그 둘로 나타나고
<잠잘 때>는 의식(意識)으로 나타난다.

Jnana jneya sva-rupinya
     shaktya paramaya yutah
pada-dvaye vibhuh-bhati
     tad-anyatra tu chinmayah

지고(至高)의 힘을 가진 **샹카라**는, <**완전히 깨어
있는 이**>에게는 <**깨어 있을 때**> <**꿈꿀 때**>의 중간
에는 <**지식**>과 <**그 지식의 대상**]>의 형태로 현저히
나타난다. 또 그 **지식의 처음과 마지막 단계**에서는
<스판다의 핵심적 형태[**의식(意識)**]>로 나타난다.

깨어 있고, 꿈꾸는 상태의 중간에서 그는 - **사다
쉬바와 이슈와라 탓트와**에서처럼 - <우주>를 <그
자신의 몸>으로 본다.

<이들 두 가지보다 다른 것에서는[**탓-안야트라**]>
즉 <깊은 잠에서는>, 모든 대상이 사라지기 때문에
스판다 샥티는 <순수한 **의식**[친마야, chit-maya]>
으로 나타난다.

위의 상태는 <완전히 깨어 있는 이>와 관련된다. 이것은 보통 사람들의 상태와 관련된 것이 아니다. 보통 사람들의 경우 "<잠잘 때>는 의식(意識)으로 나타난다."는 말은 맞지 않다.

보통 사람들의 경우에서 <깊은 잠>은 단지 <알아 채지 못하는 것[무의식(無意識)]> 뿐이고, <쉬바의 상태에 있는 이>에게는 깨어 있고 꿈꾸는 상태에서 조차도 <순수한 의식(意識)>이기 때문이다.

<지식>과 <그 대상>의 형태로
그 힘을 가진 주(主)는
<깨어 있을 때>, <꿈꿀 때>는 그 둘로 나타나고
<잠잘 때>는 의식(意識)으로 나타난다.

이제 바수굽타는 <완전히 깨어 있는 이>는 깨어 있고, 꿈꿀 때의 중간 상태에서도 **어떻게 완전히 깨어 있을 수 있는지**를 증명한다.

지금부터 1장의 마지막까지는 <부분적으로 깨어 있는 이>의 <완전히 깨어 있을 일>에 관한 것이다.

< 19 >
구나로 시작하는 <스판다의 특별한 현현들>은
<일반적인 스판다>를 의지해서 존재하는데
<자신의 본성을 완전히 깨달은 이>의
그 길에는 결코 설 수 없다.

Guna-adi spanda-nishyandah
    samanya-spanda samshrayat
Labdha atma-labha satatam syuh
    jnasya-aparipanthinah

<완전히 깨어 있는 이>의 상태를 위해 베일을
벗기는 방법의 힌트를 준다.
스판다 샥티는 <사만야>와 <비쉐샤>의 두 가지
면이 있다.
<사만야[일반적인]>는 의식의 일반적인 힘이다.
<비쉐샤[특별한]>는 스판다의 특별한 현현으로,
1) 샷트와, 타마스, 라자스처럼 구성적인 현현과
2) '푸르다' '기쁨' 등의 대상적 경험의 현현이다.
보통 사람들은 <특별한 현현[비쉐샤 스판다]>을
의식과는 완전히 다른 어떤 것으로 여긴다.
그러나 <완전히 깨어 있는 이>는 그것들을 단지
<스판다[의식]의 겉모습>으로만 여긴다.

176

프라크리티의 성질인 **구나** – **삿트와**[조화(調和)], **타마스**[무력감(無力感)], **라자스**[움직임]를 여기서는 **마야** 안에 있는 것으로 이해해야 한다.

스왓찬다 탄트라가 말하듯이 <**마야의 베개**>에 덮인 덮개로 말이다.

"베개의 윗덮개는 <흰색[삿트와의 상징]>으로, 그 중간[베개 자체]은 <검정색[타마스의 상징]>, 아래 덮개는 <붉은색[라자스의 상징]>으로 여겨야 한다. **구나**는 그렇게 배열되어 있다."

그것들은 **스판다**의 <**특별한** 세분화(細分化)>로, 마야의 유명한 덮개 **칼라**로 시작하여 **프리트비**로 끝난다. 그것들이 증식(增殖)하여 이제 '몸' '감각' '세계'와 '푸르다' '기쁘다'는 경험을 이룬다.

요기의 경우, 그것들은 빛[**빈두**]과 소리[**나다**] 등으로 여겨질 수 있다.

그러나 그것들은 <**자신의 본성을 완전히 깨달은 이**>의 그 길에는 **결코 설 수 없다**. 그것들은 그의 핵심적 본성을 가릴 수 없다. 2절에서도 말하듯이, **아무것도 그의 본성을 가리지 않아 그의 방해물은 어디에도 없다.**

177

<일반적인 스판다>를 **의지(依支)해서** 그것들은 자신의 존재를 획득한다. **<온 세상>이 그 안에서 쉬며, 또 그로 말미암은 것이 아닌가?** 그것들은 스판다 샥티에서 나왔고, 스판다 샥티와 동일하기 때문이다.

이슈와라-프라탸비갸는 말한다.

"**주(主)의 경우에서** [그의 사지(四肢)인 <대상적 실재>에 대해서] <갸나> <크리야> <마야>인 그들 힘은, 제한된 **개아의 경우에서는 삿트와, 라자스, 타마스로 나타난다.**"

사다쉬바, 이슈와라 탓트와의 단계에서 <신성의 **의식의 힘**> 그 자체인 <갸나> <크리야> <마야>는, 그 제한이 극하게 되어 **삿트와, 라자스, 타마스의** 형태로 **쉬바의** <**놀이의 몸**>으로 나타난다.

이슈와라-프라탸비갸에 따르면, **갸나는 사다쉬바** 에서 현저한 힘이고, **크리야는 이슈와라에서** 현저하고, **마야는 숫다 비디아에서** 현저한 힘이다.

프라탸비갸 흐리다얌에서 크세마라자는 잇차는 **사다쉬바에서** 현저한 힘이고, 또 **갸나는 이슈와라** 에서, **크리야는 숫다 비디아에서** 현저한 힘이라고 한다.

이 때문에 <완전히 깨어 있는 이>는 항상, <깨어
있고, 꿈꾸고, 잠자는 모든 상태>를 <자신의 **의식의
힘**>의 확장과 동일한 <칫 샥티[**우주 의식의 힘**]>에
의해 통할되는 것으로 알고, 결코 자신을 "**구나로
시작하는** <**특별한 스판다 형태**>" 외의 다른 어떤
것으로 여기지 않는다.

그는 자신을 <**일반적인 스판다**>에 잠긴 것으로
느낀다.

이제 <스판다의 특별한 형태>가 어떻게 <깨어
있지 못한 자들>에게는 차꼬인지를 기술한다.

< 20 >
<깨어 있지 못한 사람들>의 본성에
항상(恒常) 덮개를 씌우는 이것들은
끔직한 윤회계의 대양으로 밀어 넣는다.
거기에서 그들을 끌어내는 것은 어렵다.

Aprabuddha-dhiyas tu ete
    sva-sthiti sthagana udyatah
Patayanti duruttare ghore
    samsara-vartmani

<스판다 샥티의 특별한 형태>는 자신의 근원에
<깨어 있지 못한 사람들>에게는 **의식**과는 완전히
다른 것처럼 보인다. 그래서 그들은 세속적인 삶을
사는 운명이다.

아프라붓다-디야는 <자신의 스판다를 재인식하지
못하는, 자신의 몸을 **참나**로 여기는 모든 세속적인
사람들>과 또 <프라나 등을 그들의 **참나**로 여기는
부분적으로 깨어 있는 수행자>를 말한다.
이것들은 19절의 "**구나로 시작하는** <**스판다의
특별한 현현들**>"을 말한다.

180

스와스티티 스타가노댜타는 <항상(恒常) 그들의 본성을 가리는 데 전념(專念)하는>을 의미하고,

파타얀티 두룻타레 고레 삼사라-바룻마니는 곧 <(특별한 현현들은) 창조물 전체의 운명을 비참한 **윤회계로 밀어 넣고, 거기에서 그들을 끌어내는 것은**, 영성 안내자에게는, **어렵다**>는 의미다.

말리니 비자야 탄트라는 말한다.

"<고라타리 샥티>는 - <아파라 샥티>로 알려져 있다. - <상승(上昇)된 **루드라 영혼**>은 받아들이는 반면, <감각적인 대상의 즐거움에 몰두하는 **지바 영혼들**>은 아래로 밀어낸다."

말리니 비자야 탄트라가 말하는 <개별 영혼에 작용하는 **샥티**>에는 세 가지가 있다.

1) <고라타리>는, 감각의 대상에 집착하지 않는 <루드라 영혼>은 돕지만, 감각의 대상에 집착하는 영혼은 밀어 내린다. "**아파라**"라고도 한다.

2) <고라>는 **카르마**의 열매에 집착하게 만들고, 해방에 방해물이 된다. "**파라-아파라**"라고도 한다.

3) <아고라>는 <**쉬바의 상태**>로 이끈다. "**파라**" 즉 **지고**(至高)다.

그래서 <지고(至高)의 힘[파라]>은 바메슈와리로 부른다. 그녀가 내면과 외부 둘 다로 나타나고, 또 세상의 <역(逆)-과정>으로 있기 때문이다.

그녀는 내면으로는 <아베다[단일성]의 느낌>을 일으키고, 외부적으로는 <베다[다양성]의 느낌>을 일으킨다.

바메슈와리에서 "바마"가 1) '왼쪽', '반대의', '대조의'의 뜻과 2) '아름다운'의 뜻이 있기 때문에, 첫 번째 의미의 그녀는 다양성(多樣性)으로 가득한 세상에서 <역(逆)-과정>과 함께해야 한다는 것이고, 두 번째 의미의 그녀는 <쉬바의 아름다운 표현>인 세상(世上)이라는 것이다.

스판다-산도하에서 크세마라자는 바메슈와리에 대해 이렇게 말한다.

"케차리 등은 세상(世上)에 속하는 바마 샥티다.

왜냐하면 그들은 세상을 <다양성이 가득한 것>과 <다양성 속의 단일성>으로 투사하고, 또 세상을 <다양성이 가득한 것>으로 선언하기 때문이다.

수행자에서는 <다양성과 단일성 모두 가득한 이 세상>에서 <순수한 단일성의 상태>를 일으킨다.

이들 바마 샥티를 통할하는 신성을 바메슈와리 라고 부른다."

그녀에 의해 **케차리, 고차리, 딕차리, 부차리**로 알려진 신성(神性)의 네 그룹을 낳는다. 그것들은 **<완전히 깨어 있는 영혼>**은 **<최고의 상태>**로 이끌지만, **<깨어 있지 못한 사람들>**은 더 낮은 상태로 몰고 간다.

케차리 샥티는 **<의식(意識)[지식]의 공간>**에서 움직이는데,

<완전히 깨어 있는 이>의 경우, 시간의 영향에서 벗어난 그들의 존재 때문에 <분별(分別)하지 않음>, <전능성>, <전지성>, <완전성>과 <편재(遍在)>의 수단이 되고.

<깨어 있지 못한 사람들>의 경우, 그것은 그들을 <공(空)의 경험자의 단계>로 움직이게 하고, 그것은 다섯 덮개를 덮는 것으로 <시간의 제한[카알라]>과 함께 <제한된 능력[칼라]>, <제한된 지식[비디아]>, <집착[라가]>, <공간과 원인 등의 제한[니야티]>의 수단이 된다.

고차리의 "고"는 <움직이는 것>을 말하나, 여기서는 특히 언설(言說)을 의미한다. 이것은 <언설을 사용하는 단계>를 포함한다. **<붓디[결정(확인)하는 기능]>**와 **<아함카라['나'라는 느낌]>**, **<마나스[생각하는 기능]>**가 그것이다.

<완전히 **깨어 있는 이**>의 경우에서, 그것들은 이 단계로 움직여서 <그런 결정>, <'나'라는 느낌>, <생각>은 <**참나**와 다르지 않은 느낌>을 일으키고,

<**깨어 있지 못한 사람들**>의 경우에서는 <결정(과 선택)> 등으로 단지 다양성을 일으킨다.

딕차리는 <열 가지 외부적인 감각의 영역>에서 움직이는 **샥티**이다.

<완전히 **깨어 있는 이**>의 경우에서, 그것들은 <불이(不二)[비(非)-이원성]>의 현현의 근원이지만,

<**깨어 있지 못한 사람들**>의 경우에서, 그것들은 이원성(二元性)의 근원이다.

부차리의 "부"는 <알려질 수 있는 것[**대상**]>의 단계를 가리킨다. 즉 <형태[**루파**]> 등 다섯 가지다. <이 영역에서 움직이고, 또 완전히 발달된 형태가 되는 것으로>, 그것들은 응고되고 그래서 그것들과 동일하게 된다.

<완전히 **깨어 있는 이**>에게 그것들은 <**의식**의 빛>의 형태로 나타나고,

<**깨어 있지 못한 사람들**> 경우에는 모든 곳에서 <제한된 형태>로 나타난다.

그러므로 이 <네 **그룹**의 **샥티**>는, 즉 <경험자의

형태>로 케차리, <정신 기구의 형태>로서 고차리,
<외부적 감각의 형태>로 딕차리, <대상의 형태>로
부차리는 저 "구나로 시작하는 <스판다의 특별한
현현들>"로 가득하다.

그것들은 <깨어 있지 못한 사람들>과 또 <빛과
소리의 경험만으로 만족하는 부분적으로 깨어 있는
수행자들>을 <단지 그들 특별한 요소들의 확장>일
뿐인 세상(世上) 속으로 던진다.

☯

<깨어 있지 못한 사람들>의 본성에
항상(恒常) 덮개를 씌우는 이것들은
끔직한 윤회계의 대양으로 밀어 넣는다.
거기에서 그들을 끌어내는 것은 어렵다.

<스판다의 특별한 형태들>은 <깨어 있지 못한
사람들>을 <그들의 신성의 근원>으로 이끈다.

<스판다의 특별한 형태들[현현(顯現)들]>을 통할
하는 <여러 가지 샥티[신성(神性)]>가 있다.

그것들은 <삶에서 신성(神性)의 근원을 부정하는
사람들>을 밀어 내리고, 감각적 즐거움에 매달리게
하는 반면에, <내면에, 더 높은 가치의 감각이 동튼
사람들>의 영적(靈的)인 여행은 돕는다.

185

샥티는 <깨어 있지 못한 사람들>을 세속(世俗)의 존재계로 밀어 내린다. 그들은 항상 <그 자신>을 <물질적인 어떤 것>으로만 생각하고 - 예를 들어, 우리는 "나는 늙고, 병들어 죽는다."고 생각한다. <이런 언어 습관>이 나를 틀 짓고, 우리를 가두는 것이다. - <순수한 의식(意識)["차이탄얌 아트마! 나는 의식이다!"]>이라고는 도무지 생각하지 않기 때문이다.

그러므로 <물질적 존재계>가 그들에게는 적절한 장소다.

그러므로……

< 21 >

**그러므로 항상 주의(注意)하여
스판다 탓트와를 알아채야 한다.
그런 사람은 <깨어 있는 동안>
순식간에 <핵심적 상태>를 얻는다.**

Atah satatam udyuktah
    spanda-tattva viviktaye
Jagrat-eva nijam bhavam
    achirena adhigacchati

일상생활(日常生活)에서 스판다 탓트와를 꾸준히
알아채야 한다.

<스판다 탓트와를 알아채는 일>에 항상(恒常)
주의(注意)를 기울이는 그는, 짧은 시간에 <**핵심적
상태[본성]**>를 얻는다. 그 **본성**은 [명상의 상태에서
뿐만 아니라, 일상의] <깨어 있을 때>도 **샹카라**와
똑같은 것이다.

바가바드 기타도 말하듯이 "그 마음이 내 안에
용해(溶解)되고, 항상 나와 연합하고, 나를 섬기는
자"(12:2), 그는 **항상** 그의 **주의(注意)**를 <**내면의
(신성의) 본성(本性)**>을 관찰하는 데 두고, 그것에
전념(專念)하고 있다.

그러니 그의 <**내면의 본성**[샹카라]> 그 자체가 그의 앞에 나타난다. 그것으로 <깨어 있는 자>는 "그 안에 <항존(恒存)하는 흡수(吸收)>를 얻음으로" <완전히 깨어 있게 되고[수프라붓다]>, 살아 있는 동안 해방되게 된다.

신성(神性)을 꾸준히 알아채는 사람의 **마음은**, <내면에 현존하는, 연금술적(錬金術的)인 신비의 힘>으로 **변형(變形)되고 변화(變化)되어서**, 그들은 <**통합적인 신성의 의식(意識)**>을 얻는다.

웃팔라 밧타는 스판다 탓트와를 알아채는 일을 다음과 같이 - 자신을 그렇게 여기고 또 "느끼는" 것으로 - 수행해야 한다고 권한다.

"나는 <순수한 의식(意識)>이다.
이 세상(世上)은 오로지
<나 자신의 (영광스런) 현현(顯現)>이다."

스판다라는 보물(寶物)이 <그 **특별한 상태에서** 깨어 있는 자> 앞에 열려지듯이 - 그것을 알아채는 일에 전념하고 있는 사람에게 쉽게 나타난 스판다,

그 안에서 스판다 샥티를 알아채는 일(과는 다른)
- (다음 경문의 경우들과 같은) **마음의 모든 상태가**
멈췄을 때도 열려진다.

그러나 저자는 그 **특별한 상태가**, 무엇보다도
<부분적으로 깨어 있는 수행자(修行者)> 편에서의
<노력(努力)의 영역>이어야 한다고 가르친다.

< 22 >

크게 격분(激憤)했거나, 미칠 듯이 기쁘거나
곤경(困境)에 빠져 어찌할 바를 모를 때,
목숨을 걸고 도망치는 상황에 처했을 때
거기에 만세반석(萬世磐石)의 스판다가 있다.

Atikruddhah prahrishtah va
    kim karomi iti va mrishan
Dhavan va yat-padam gacchet
    tatra spandah pratishthitah

<스판다를 깨닫게 하려고 방편을 제공하는 경우>
보다, **실제의 생활에서 <다른 모든 상태가 완전히
정지되는 일>로** 스판다를 깨닫는 경우가 있다.
    <격렬한 감정의 상태>에서나 <정신적 곤경>에서,
<모든 정신적 활동>은 죽은 듯이 정지된다. 그것이
스판다 샥티를 경험할 수 있는 때다. 단, **사람이
<늘 그쪽으로 적절히 방향을 잡고 있다면>** 말이다.

    <신성에 접근하는 모든 방법>에서는, 수행자가
<다른 모든 정신적 활동을 가라앉힌 후> 한 곳에
집중(集中)하게 된다.
    그러나 **격렬한 분노** 같은 상황에서는, 수행자의

편에서는 어떤 노력도 없이 **<마음의 모든 활동>이 저절로 그친다.** 그리고 그런 가혹한 순간에, <만약 그가 스판다를 경험하려고 **주의하고 있[었]다면>**, 그는 즉시 내향적이 되어, 신성의 경험을 가질 수 있다.

그러나 문제는 <그런 **수행자가 아닌 사람들>은** 그 상태에서 [단지 화(火)만 내거나 하면서] 그냥 멍청하게 **남는다**는 것이다.

아티크루다는 **<크게 격분(激憤)한 것>**을 말한다. 상대방[적(敵)]으로부터 숨통이 막히는 말을 듣고, "그가 망(亡)하기를 바라는" 여신(女神)의 영향으로 - 즉 <나의 에너지 그룹>이 - 내향(內向)이 되는 것을 의미한다.

프라흐리슈타는 **<미칠 듯이 기쁜** 것>을 말한다. 오랫동안 그리던 연인을 본 뒤, "강렬한 <열망의 여신(女神)>"의 영향으로 <감각(感覺) **그룹** 전체>가 자극을 받고 그 순간에 나타나는 것을 말한다.

"**킴 카로미**[무엇을 **어찌해야** 하나?]"는, 예(例)를 들어, 자포자기의 무법자가 살인(殺人)을 목적으로 나를 향해 다가올 때, 사방을 돌아보며 "어느 방향 으로 뛰어야 하나, 무엇을 해야 하나?"할 그때다.

막다른 골목에서 누군가가 도와주리라는 희망은 사라지고, <(생명이) 불확실한, 그 순간의 상황>은 **나의 모든 정신 활동을 그치게 한다.**

굳이 성경의 <다윗의 도피(逃避) 이야기>를 들지 않더라도…… 니체는 "위험(危險)하게 살아라."고 충고했다. 그러나 그 충고를 일부러 따를 필요도 없이, 우리의 삶은 이미 충분히 위험하다. 생각해 보면, 우리 모두는 이미 <불이 난 집[화택(火宅)]>이고 또 <사형수(死刑囚)의 처지>다.

다반은 <생명을 위해 **도망치는**>을 말하며, 예를 들어, <발정(發情)이 나서 분노한 코끼리의 공격을 받은 사람>을 암시한다. 그는 그의 몸을 위해, **어떤 생각도 없이** 달리고 있다. 모든 정신적인 활동은 내면으로 철수되고, <완전한 활동(活動) 안에서> "<노력의 여신(女神)>의 영향" 아래, 아주 다급한 질주(疾走)를 하고 있다.

어두운 숲길에서 짐승을 만나거나 혼령(魂靈)을 본 뒤에 일어나는 엄청난 두려움 같은, 다른 모든 유사한 상황에서, 수행자가 **스판다를 알아채려는 주의를 항상 기울이고 있다면**, 그때 다른 정신적인 활동은 그치고 스판다[**무의식, 여호와**]가 나타나게 된다. 스판다인 그것이 그에게로 향한다.

그러므로 거북이가 두려울 경우 네 발을 안으로 오므리고, 기쁘고 도망칠 때는 그 발을 뻗치듯이, 수행자는 <모든 정신적인 활동>이 정지되고 즉시 <분노>와 <불확실한 그 상태>가 가라앉는 것을 잘 관찰하여, 수행자 앞에 그 자신을 현현한 **스판다 샥티**를 명상[관찰]해야 한다.

비갸나 바이라바는 말한다.

욕망에 흔들리지 말라.

"욕망, 분노, 탐욕, 미혹, 거만, 질투로 동요할 때, **마음을 [한 곳에] 고정(固定)하면,** 그때 그것들 밑에 있는 **실재(實在)**가 <홀로> 남는다."

기쁨이 일 때 그것이 되라.

"오랫동안 못 봤던 친구나 친척을 보고 기쁨이 일어나는 경우, 그 기쁨 자체를 알아채고, **그 안에 흡수(吸收)되어야 한다.** 그때 마음은 그것과 동일시 된다."

재채기가 일어날 때, 배고픔이 시작될 때 알아채라.

"<재채기가 시작될 때, 끝날 때>, <공포(恐怖)에 떠는 동안>, <슬플 때[걱정할 때]>, <깊은 구렁 위에서[당황할 때]>, <전쟁터를 뛰면서[코끼리를 피할 때]>, <강렬한 호기심(好奇心)이 일 때>, <배고픔이 시작될 때, 끝날 때>, 그때 <브라흐만의 상태>가 가까이 있다."

☯

크게 격분(激憤)했거나, 미칠 듯이 기쁘거나
곤경(困境)에 빠져 어찌할 바를 모를 때,
목숨을 걸고 도망치는 상황에 처했을 때
거기에 만세반석(萬世磐石)의 스판다가 있다.

우리는 **끊임없이 일어나는 <생각의 연상(聯想)> 때문에** <내면의 실재>를 파악할 수 없다.

그러나 격렬한 감정의 경험에서, 극심한 정신적 곤경에서, 우리의 모든 <생각의 연상>은, 모든 정신 활동은 죽은 듯 멈춘다. 그것은 **스판다 탓트와**의 경험을 가질 수 있는 아주 알맞은 상황이다. 만약 우리가 그것을 알아챌 수 있는 **준비가 되어 있다면** 말이다.

요기와 신비가들은 <쉼이 없는 마음의 활동>을 멈추기 위해 명상 수련을 한다.

그러나 <강한 감정적 경험>은, 저절로, 다람쥐 쳇바퀴 돌 듯 하는 이 마음의 활동을 멈추게 한다. 그것은, 만약 수행자가 **충분히 내향적이면, 실재**를 접할 수 있는 순간이다. 그런 기회는 모든 사람들에게 오지 않는다. 그것은 단지 그것을 받아들이기 위해 **간절히 기다리는 이들에게만** 온다[관찰된다].

그것이 **크세마라자**가 이렇게 경고하는 이유다.

"격렬한 분노 등의 모든 **강한 감정적 상태**에서, <다른 모든 정신적 활동>은 저절로 그친다.

만약 **스판다 샥티**를 알아채는 일에 항상 주의를 기울이는 **요기**가 그 순간에 내향이 되어 있다면, 즉시 <그 원하는 대상[**실재**]>을 성취할 것이다.

그러나 그런 **요기**가 아닐 때는, 이런 상태에서도 그냥 <어리둥절해하며, 지각(知覺)이 없는 상태>로 남을 것이다."

라마칸타는 그 상황을 명확히 한다.

"**그런 감정적인 상태**는, <깨어 있는 이>에게는, 그것이 그를 <'**나-의식**'에 대한 반성적(反省的)인

기회(機會)[즉각적인 회고]>로 던진다면, **스판다**를 깨닫는 수단이 된다.

그것이 그를 <그것 자체의 경험>만으로 몰아가지 않는다면 말이다. [그러나 보통 사람의 경우] 그런 경험은 즐거움 혹은 고통의 하나일 뿐이다."

<**항상 주의(注意)하고** 있는 자>는, 이미 기술한 방편과 이후 기술할 방편으로, 이런 모든 상태에서 **스판다 샥티**를 세밀(細密)히 관찰한다.

<모든 상태에서 그것을 **꾸준히 알아채는** 것>으로 삶에서 해방을 얻는다. 다른 말로, 그것은 <영원한 **현존(現存)>의** 깨달음[**느낌**]이다.

< 23 > < 24 > < 25 >
<신성의 의식(意識)>을 파지(把持)하고
<깨어 있는 수행자>는
"무엇을 말하든 나는 행하리라."
이런 결심으로 결연히 남는다.

스판다의 경험에 쉬는 것으로
프라나와 아파나는 수슘나로 합병되고
브라흐마란드라와 몸의 영역을 떠나
<우주 의식>의 공간으로 완전히 용해된다.

그때 그 거대한 공간에서
<깨어 있지 못한 사람들>은 분별을 잃지만
깊은 잠과 같은 무감각에 있지 않은 자는
<완전히 깨어 있는 이>로 그곳에 굳게 선다.

Yam avastham samalambya
　"yad ayam mama vakshyati
Tad avasyam karishye aham iti"
　sankalpya tishthati

Tam ashritya urdhva-margena
　chandra-surya ubhau api
Saushumne-adhvani astam itah
　hitva brahmanda-gocharam

Tada tasmin maha-vyomni
　\pralina shashi-bhaskare
Saushupta-pada vat mudhah
　prabuddhah syat anavritah

　<깨어 있는 것을 경험한 사람>은 <완전히 깨어 있는 상태>를 유지하기 위해, <영적(靈的) 어둠>의 장막(帳幕)을 걷는 것에 **항상 주의해야** 한다.

　수행자가 스판다 샥티에 주의하고 있을 때, 그의 **프라나와 아파나는 수슘나로 합병**된다. 그것들은 브라흐마란드라로 상승하고, 마침내 그것 너머의 <우주 의식(意識)[이라는 내면의 하늘]의 공간>으로 **용해된다.**

얌 사말람뱌는 "(22절의) **크게 격분**(激憤)한 것 등의 상태에서, **(의식-지복**으로) 경험(經驗)한 그 스판다를 굳게 잡고"를 의미한다.

사말람뱌는 또한 "<(그것이) 성취할 만한 가치가 있는 목표>라고 결심(決心)하는"의 뜻도 포함한다.

아얌의 <이것>은 "**샹카라의 본성**(本性)인 <나의 핵심적 **참나**>"를 말한다.

상칼퍄는 <그렇게 결심(決心)하는 것으로>를,

티슈타티는 <남아 서 있다>를 의미하며, "모든 <사고 구성물>을 쉽게 두고, 그는 <사고 구성물의 부재(不在)의 상태[**아-비칼파**]>에 굳게 의지한다."는 뜻을 포함한다.

전에 경험한 **본성**(本性)[즉, <**의식-지복**> 혹은 나의 <핵심적 **참나**>]이 **무엇을** 내게 **말하든**지[요구하든지], **그것을 나는 확실히 행**(行)**할 것이다.**

즉, 이제 <외향적인 (생활) 태도>를 떠나, 나는 그것에 헌신(獻身)할 것이다.

경문의 **수리야**와 **찬드라**는 **프라나**와 **아파나**를 말한다. 그것들은 <**흐리다야**[몸의 중심] 단계>에서 만나 <**수슘나** 통로>에서 서로 융합되고, 상향하여 <**우다나** 길>로 여행한다. 그리고 **브라흐마**에 의해 통할되는 <몸을 포기하는 것>으로, **우주 의식(宇宙 意識)의 그 거대한 공간에 용해된다.** 브라흐마는 특히 브라흐마란드라를 통할한다.

그것들은 <**몸의 영역**> 전체를 떠나 위로 <위의 문(門)>으로 간다. 그렇게 그것들은 **의식의 거대한 공간에 완전히 용해**되어, <**몸의 영역**> 전체를 초월한다. 그 안에서 <대상적인 실재> 전체는 완전히 용해된다.

그러나 **의식의 거대한 공간**을 경험한 수행자가, **수행(修行)이 느슨하여 케차리** 등의 여신(女神)의 형태로 "**구나로 시작하는 <스판다의 특별한 현현 (顯現)들>**"에 **현혹(眩惑)되면**, 그는 그것을 <**깊은 잠**>으로 경험한다. 그래서 멍청하게[**무감각(無感覺)** 하게] 남는다. 그의 본성이 완전히 표현되지 않았기 때문이다. 그러므로 **무다** 즉 <현혹(眩惑)된 자(者)>라고 부른다.

사우슙타 즉 <**깊은 잠**>이라는 말은 <꿈>도 포함한다. 그러므로 이런 수련자는, 마치 보통 사람이 <꿈>과 <깊은 잠>에서 그렇듯, <**공(空) 등의 상태**>로만 경험한다.

밧타 칼라타는 말한다.

"자신의 **본성**(本性)을 완전히 깨닫지 못한 <**깨어 있지 못한 수련자**>는, 꿈 등으로 현혹(眩惑)되어 [**의식의 거대한 공간**으로부터] 물러나게 된다."

그러나 <강(强)한 주의력(注意力)으로, 한 순간도 느슨하지 않은 자>는 "**프라붓다**[혹은 **수프라붓다**]"라고 부르며, <미혹의 어둠>에 압도당하지 않고, <**의식의 공간**>과 동일한 것으로 거(居)한다.

그러므로 스승들은 <수련자는 항상 열심(熱心)히 노력(努力)해야 한다>고 하는 것이다.

모두에게 은덕(恩德)이 있기를!

제 5 장

사하자 비됴다야

< 1 > < 2 >
그 힘을 의지하는 만트라는
전지(全知)의 힘을 행하여
그 주어진 기능을, 감각이 그렇듯이
<몸에 갇힌 자들>에게 행한다.

의무를 다 한 후는 제한에서 자유롭듯
신격(神格)의 명칭을 잃는 것으로
그 헌신자의 마음과 함께 용해된다.
그러므로 그것들은 쉬바의 본성이다.

< 3 > < 4 >
모든 존재가 그로 말미암은 것이어서
지바는 우주(宇宙)와 동일하고,
모든 주체의 <지식(知識)> 때문에
그는 모든 것과 동일성을 느낀다.

그러므로 말이든 대상이든 생각이든
<쉬바가 아닌 상태>는 없다.
<경험되는 것>은 곧 <경험자>다.
그는 <경험의 영역>인 우주 안에 있다.

< 5 >

<이런 깨달음>을 가진 자는
끊임없이 신성(神性)과 연합하여
세계 전체를 <자신의 놀이>로 본다.
그는 살아 있는 동안 해방되고, 의심은 없다.

< 6 > < 7 >

이것은 단지 <명상자의 마음>에서
<명상의 대상>의 현현일 뿐이다.
<대상과의 동일성>의 깨달음은
수행자의 확고한 의지(意志)로 얻는다.

이것이 바로 불멸(不滅)로 이끄는
참 암브로시아를 얻는 길이다.
이것은 <해방의 입문>으로
<쉬바와의 동일성>으로 이끈다.

1장은 **스판다 샥티**를 주로, (각 사람의 핵심적인 **참나**와 동일한) **쉬바**의 역동적인 면으로 기술했다. **스판다 샥티**를 깨닫기 위해, <**니밀라나 사마디** 즉 내향적인 명상>에 강조점을 두었다.

2장은 **스판다 샥티**를 (핵심적인 **참나**와의 동일성 뿐만 아니라) <**우주 전체와의 동일성**>을 기술한다. 그러므로 <**운밀라나 사마디** 즉 외향적인 명상>을 강조한다. 이는 <**사하자 비디아의 출현(出現)**>으로 가능하다.

<**사하자 비디아**> 즉 <생래(生來)의 고유(固有)한 지식[**무심**(無心), **지혜**(智慧)]>으로 사람은 모든 곳에서 **의식**(意識)과의 동일성을 경험한다.

우주는 <순수(純粹)한 우주>와 <불순한 우주>로 이루어져 있다.

<순수한 우주>는 1) **쉬바[의식**(意識)], 2) **샥티** [에너지], 3) **만트라-마헤슈와라**, 4) **만트레슈와라**, 5) **만트라**로 구성되고,

<불순(不純)한 우주>는 **마야**[환영(幻影) 즉 <**갈라보는 일**>]에서 **프리트비**[흙(地)]까지로 구성된다.

< 1 > < 2 >
그 힘을 의지하는 만트라는
전지(全知)의 힘을 행하여
그 주어진 기능을, 감각이 그렇듯이
<몸에 갇힌 자들>에게 행한다.

의무를 다 한 후는 제한에서 자유롭듯
신격(神格)의 명칭을 잃는 것으로
그 헌신자의 마음과 함께 용해된다.
그러므로 그것들은 쉬바의 본성이다.

Tad akramya balam mantrah
    sarvajna-bala shalinah
Pravartante adhikaraya
    karanani-iva dehinam

Tatra eva sampraliyante
    shanta-rupa niranjanah
Saha-aradhaka-chittena
    tena ete shiva-dharminah

   <순수한 우주>는 스판다 샥티로부터 방사되고,
그것과 동일하고, 마침내 그것 속으로 융합된다.

만트라는 - <만트라-마헤슈와라, 만트레슈와라, 만트라의 의미든>, <신성한 주문(呪文)의 의미든> - 그들의 힘을 스판다 샥티에서 끌어내고, 마침내 그 안으로 용해된다.

이제 2장의 주제(主題)를 말한다. 1장 2절에서 **"<온 세상>이 그 안에서 쉬며, 또 그로 말미암은 것이 아닌가?"**라고 한 저자는, 만트라 등으로 구성되는 순수한 우주는 그 **스판다 탓트와**에서만 일어나고, 그것의 힘으로 유지되고, 그것 속으로만 융합된다고 한다.

1절의 **"만트라"**라는 말은 두 가지로 볼 수 있다. **신성(神性)[신격(神格)]인** <만트라, 만트레슈와라, 만트라-마헤슈와라>로도 볼 수 있고, <헌신자들이 암송하는 성스러운 주문(呪文)[기도문(祈禱文), 진언(眞言), 말(소리)]>으로도 볼 수 있다.
그러나 둘 다 그들의 힘을 **스판다 샥티**에서 끌어내고, 마지막에 <**일반적인 스판다**>에 용해된다.

탓 발람은 <스판다의 힘, 에너지, 생명력>을 말하고,
아크라먀는 그것들이 그것과의 동일성 때문에, <지지(支持)로서 잡고 있는 것>을 의미하고,

사르바갸-발라-샬리나는 <전지(全知)의 힘으로 완전한 놀이를 하는>을 의미하고

아디카라야 데히남 프라바르탄테는 <제한되어 있는 영혼[지바]에서 현현, 유지, 철수, 은폐(隱蔽), 은혜(恩惠)의 그 주어진 기능을 행하는 것>을 의미한다.

사르바갸[전지(全知)]는 추상명사의 의미[사르바-갸트바, 전지성(全知性)]로 사용되었고, 또 당연히 사르바-카르트리트바[전능(全能)] 등도 포함한다.

감각이 그렇듯이[카라나니-이바]는, 1장 6절의 "<이 감각 군(群)>은 지각(知覺)이 없으나 있는 것처럼 <내면(內面)의 힘>을 따라 가고, 머물고, 돌아오는" 것처럼 - <감각이, 스판다 샥티를 얻는 것으로, 현현된 대상 속에서 작동(作動)하듯이>라는 말이다.

만트라는, 의무(義務)를 다한 후는 직책(職責)의 모든 제한에서 자유롭게 되어[니란자나], 특별한 신격(神格)으로서의 그들의 명칭을 잃고[샨타-루파] - 주문(呪文)의 뜻으로 사용된 경우는, 그 말소리가 끝나게 되는 것으로 - 그것들은 바로 <스판다의 힘(力)> 속으로 용해하게 된다.

아비나바굽타에 따르면, 니란자나는 <대상으로 결코 알려질 수 없는 것들>을 의미한다. 만트라는 <나-의식>으로 가득하다. 그러니 그것은 항상 주체이지, 결코 대상의 범주로 환원될 수 없다.

삼프랄리얀테에서 삼은 <완전한 동일성을 얻는 것으로>를, 프라는 <강하게> 즉 <전의 상태로 회귀하는 것 없이>를, 리얀테는 <그들의 직장(職場)의 제한에서 자유롭다>를 말하고,

사하-아라다카-치테나[그 헌신자의 마음과 함께]는 <그들에게 헌신한 자들의 지식과 함께>를 의미한다.

라마칸타는 이것을 다음과 같이 설명한다.

"그 상태에서, 헌신자의 마음은 <원래의 상태> 안에 있다. <그가 그 만트라에 의지한 그 목적>은 이미 성취되었다. <그 만트라가 스판다에 용해되는 것>은 그 헌신자의 그런 마음과 함께이다."

그러나 더 깊은 의미로는, 그 헌신자의 <제한된 지식(知識)>이 용해된 것이다. 그것은 이제 더 높은 의식(意識)으로 변형되었다. [지식과 인식, 의식은, 실은 <같은(?) ("안다"는 의미의) 말>이다.]

말리니 비자야 탄트라는 말한다.

"<지바[제한된 경험자]>에게 은총(恩寵)이 주어진 뒤, 그들은 <더 이상 어떤 어려움도 없는 상태>로 들어간다."

스판다에서 방사(放射)된 **만트라, 만트레슈와라** 등은, 그것에서 나왔고, 그것 안에서만 용해된다. **그러므로 그것들은 쉬바의 본성이다.** 즉 그것들은, 본질에서, <**일반적인** 스판다>와 하나다.

이런 생각이 떠오른다.

"감각과 **만트라**가 <동등하게> **스판다 샥티**에서 나온다면, 그러면 왜 감각은 전지(全知) 등의 힘을 가지지 못하는가?"

주(主)는 <자신의 **마야 샥티**로> 다양성(多樣性)으로 가득한 <몸>과 <감각>을 형성한다.

그는 또 <자신의 **슛다 비디아의 샥티**로> 놀라운 표현(表現)하는 힘으로 **만트라**를 이룬다. [<듣는 귀>가…… <다르게 들리고>, 이해가 된다.] 그것은 **의식**(意識)의 본성이고 **주(主)**와 다르지 않다.

만트라로 사용된 말은 **마야** 상태에서도 경험자의 단계를 벗어나지 않는다. 그리고 몸, **푸랴슈타카** 등처럼 지식(知識)에서 어떤 제한도 없다. 그러므로 **그것들의 전지(全知)는 완전히 정당하다.**

이것은 **이슈와라-프라탸비갸**의 진술과 일치한다.

"'이것은 항아리다.'라는 말에서 확인(確認)할 수 있는 것은, **<이름과 형상 너머에 있는 지고한 주의 힘(力)>** 이다. 그것은 항상 **<[참]나>** 와 **<하나>** 로서 빛난다. 결코 **<이것으로>** 가 아니다."

"**마야의 힘(力)** 은 그 자체를 순수한 다양성 등의 현현에서 보여준다."

☯

그 힘을 의지하는 만트라는
전지(全知)의 힘을 행하여
그 주어진 기능을, 감각이 그렇듯이
<몸에 갇힌 자들>에게 행한다.

의무를 다 한 후는 제한에서 자유롭듯
신격(神格)의 명칭을 잃는 것으로
그 헌신자의 마음과 함께 용해된다.
그러므로 그것들은 쉬바의 본성이다.

위의 경문을 이렇게 볼 수도 있다.

<스판다의 **힘을 의지하는** 입문(入門)>에서, 스승 [아차리아]의 수단이 되는 모든 **만트라**는 - 그것을 <그의 생명을 주는 자>로 붙잡고 - 해방과 기쁨의 기능을 수행하기 위해 **그 헌신자의 마음과 함께** 나아간다.

그리고 <명료한 소리의 몸>이 존재하기를 그친 후, 정화되고, 그들은 완전히 용해된다. 즉 그들은 스판다에서 쉰다. 즉 "**그 힘을 의지하는 만트라는 그 헌신자의 마음과 함께 용해된다.**"로 연결되는 것으로.

카시미르 쉐이비즘의 입문(入門)에는 네 종류가 있다.
1) **사마이카 딕샤** : 학생을 <전통에서 준수해야 할 행동의 규율로> 입문시킨다.
2) **푸트라카 딕샤** : 학생을 <스승의 [사후(死後)] 계승자로 선택하는 것으로> 입문시킨다.

3) **사다카 딕샤** : 학생을 <**요가**[수행]의 신비 속
   으로> 입문시킨다.
4) **아차리아 딕샤** : 학생이 (바로) <**구루**[스승]가
   되는 것으로> 입문한다[위에서 말하는 입문].

그래서 <**스판다 샥티**는, 현현과 용해의 단계에서
뿐만 아니라, 그들의 기능(機能)에서도, **만트라**의
근본이다>는 의미다.
   카시미르 쉐이비즘의 경전은, 10 가지, 18 가지
모두에서, **스판다**가 곧 <**만트라**의 정수(精髓)>라고
말한다.

   참고로, **카시미르 쉐이비즘** 경전군에는 중요한
세 계통이 있다.
1) **쉬바 탄트라** : 10 가지 지파[경전]가 있고,
   베다[이원론, 다양성]를 가르친다.
2) **루드라 탄트라** : 18 가지 지파가 있고,
   베다-아베다[<다양성 속의 단일성>]를,
3) **바이라바 탄트라** : 64 가지 지파가 있고,
   아-베다[<비-이원론, 불이(不二), **아드바이타**]
   곧 <[단일성의] 완전한 일원론>을 가르친다.

<순수한 것>인 **만트라 등(等)**으로 구성되는 그 현현이 **쉬바의 본성**임을 기술한 후, 이제 저자는 **마야** 등의 형태로 구성되는 <불순한 것>으로 여겨지는 현현 또한 **쉬바의 본성**인 것을 설명하기 시작한다. 그래서 그는 **슈리마타샤스트라** 등의 비의적 견해를 암시한다.

< 3 > < 4 >
모든 존재가 그로 말미암은 것이어서
지바는 우주(宇宙)와 동일하고,
모든 주체의 <지식(知識)> 때문에
그는 모든 것과 동일성을 느낀다.

그러므로 말이든 대상이든 생각이든
<쉬바가 아닌 상태>는 없다.
<경험되는 것>은 곧 <경험자>다.
그는 <경험의 영역>인 우주 안에 있다.

Yasmat sarva-mayah jivah
    sarva-bhava-samudbhavat
Tat samvedanarupena
    tadatmya-pratipattitah

Tasmat sabda artha chinta-su
    na sa avastha na ya shivah
Bhokta eva bhogya-bhavena
    sada sarvatra samsthitah

<불순한 것> 또한 똑같은 재료로 된 것이다.
개아는, <모든 대상에 대한 **지식**(知識)을 통해>,

모든 것과 동일성을 느낀다. 그러므로 그에게는 <쉬바가 아닌 상태>는 없다.

"모든 주체의 <지식(知識)> 때문에"에서 지식은 <아는 일[아는 현상]>, <인지(認知)>, <인식(認識)>, <의식(意識)>을 말한다.

경험자(經驗者)는 쉬바처럼 <우주(宇宙) 전체>를 구성하기 때문에, 그러므로 그것이 처음이든 중간이든 끝이든, 그것이 말이든 대상이든 생각이든 <쉬바가 아닌 상태>는 없다.

그 의미는 <모든 것이 쉬바다>란 것이다. 그것이 그러하므로, '몸' '푸르다' 등과 같이 항상 그리고 어디서나 (즉 탓트와[범주], 부와나[세계] 등의 모든 다양한 단계에서) <"경험되는 것"의 형태로 있는 것>은, <의식(意識)의 형태>인 "경험자(經驗者)" 그 자신이다. <경험되는 것>은 <경험자>로부터 다른 것이 아무것도 없다.

이 경문이 지바[경험자]로부터 시작하여 쉬바로 끝나는 것은, <지바와 쉬바 사이에는 아무 차이가 없다>는 것을 암시적(暗示的)으로 가르친다.

그것은 사람이 자신을 '몸' 등의 어떤 상태에서도 불완전한 것으로 여기지 말고, <의식의 덩어리>인 쉬바의 본성으로 여겨야 한다는 것이다.

웃팔라데바와 또 누군가는 말한다.

"<**쉬바**의 형상>으로 36 범주(範疇)로 구성되는 <몸>을 인식하고, 그것을 존경심으로 대하는 자는 <영적인 완성>을 얻는다.

또 항아리 등과 같은 것에서도 <**쉬바**의 형상>을 인식하고 그것을 경외하는 자는 (<영적인 완성>을 얻을 것이다). 이 점에서는 다른 것이 없다."

"모든 대상은 **의식**(意識)에서 쉴 때만 알려진다. - **의식**의 지지(支持)로써 알려지지, 그들 스스로에 의해서가 전혀 아니다. - 그러므로 모든 것은 단지 <알려지는 것>으로만 존재한다.

그러므로 사람은 그 자신을 **의식**(意識)과 동일시 해야 한다."

이런 질문이 있을 수 있다.

"<경험자>가 <전체>와 동일하다는 것을 어떻게 알 수 있는가?"

이 질문의 대답은 그가 <모든 존재의 근원 혹은 원인>이기 때문이라고 말할 수 있다.
사뭇바왓은 <모든 산물의 원인인 것>의 의미다.

슈리 갸나-가르바는 노래한다.

"<당신의 놀이>는
이 세상에서 다양성의 원인이 됩니다.
<아는 자> <아는 일[지식]> <알려지는 것>으로

<당신의 놀이>가 끝날 때
그 다양성은 <어딘가에서[철수]> 사라지고,
당신은 그 빛 속에서 보이지 않습니다.

오직 <은혜를 입은>
소수(少數)를 제외하고는"

위의 찬가(讚歌)의 말처럼, <지바는 모든 존재의
근원>이다. 왜냐하면 세계라는 존재는 **의식**의 보급
(補給)에서만 생겨나기 때문이다.

우주는 **지바**로부터만 방사되기 때문에, 그러므로
그는 <전체>를 구성하고, 모든 힘을 갖는다. 이것은
1장 2절에서 논의된 바 있다.

<**지바**가 전체와 동일하다>고 하는 다른 이유는
3절 후반의 "**모든 주체의 <지식(知識)> 때문에**"에
있다. 즉 **지바**는 모든 것과 동일한 것으로 알려져
있다. 왜냐하면, 그는 '푸르다' '기쁨' 등의 형태로
<그런 것을 **아는 현상**>과 동일하기 때문이다.

이 두 절의 방법으로 - 모든 <다양성의 나무>를 근절하도록 하는 논증(論證)으로 - <비밀 수행>과 <지혜의 가르침>이 제시되었고,

1장 첫 절과 마지막 절의 "마하아르타 탓트와" 즉 <위대한 실재>가, 1장 3절의 <깨어 있을 때>와 또 다른 상태에서도에 의해, 카시미르 쉐이비즘의 <최고의 진리>로 제시되었고,

2장 1절의 그 힘을 의지하는[타다크라먀 발람] 구절로 모든 <예배(禮拜)의 정수>가 제안되었다.

그러므로 모든 교육(教育)은 스판다에 의해서만 주어진다는 것이 인정된다.

☯

모든 존재가 그로 말미암은 것이어서
지바는 우주와 동일하고,
모든 주체의 <지식(知識)> 때문에
그는 모든 것과 동일성을 느낀다.

그러므로 말이든 대상이든 생각이든
<쉬바가 아닌 상태>는 없다.
<경험되는 것>은 곧 <경험자>다.
그는 <경험의 영역>인 우주 안에 있다.

이 두 절에서는 두 가지가 강조된다.

첫째, **개아는** 전체 실재와 동일하다. 그 이유는 **<지식(知識)>을 통해** - 인지, **인식, 의식을 통해** - 그는 **모든 것을 안다**는 것이다. 그러므로 **지식을 통해,** 그는 실재의 모든 것과 동일성을 느낀다.

그가 **실재**의 전체와 동일시가 됨에 따라, 그는, **크세마라자**의 말처럼, **비슈바 샥티** 즉 <우주적인 힘>이 된다. 그래서 또 모든 대상은 **그**로부터 일어난다고 말하는 것이다.

둘째, 모든 것과 동일성을 느낌에 따라, 그에게는 **<쉬바가 아닌 상태>는** 없고, 그에게는 **<경험자>**와 **<경험되는 것>** 사이의 분별이 사라진다.

저자는 이제 <사람이 우주(宇宙) 전체와 동일성을 느끼는 것>이 - 그것이 **목샤** 즉 해방(解放)이다. - 핵심이라고 강조한다.

< 5 >
<이런 깨달음>을 가진 자는
끊임없이 신성(神性)과 연합하여
세계 전체를 <자신의 놀이>로 본다.
그는 살아 있는 동안 해방되고, 의심은 없다.

Iti va yasya samvittih
    kridatvena akhilam-jagat
Sa pashyan satatam yuktah
    jivan-muktah na samshyah

   <그런 경험[의식(意識), 중심]에 견고히 선 자>는
살아 있는 동안 해방되고,
   <이런 깨달음>을 가진 자는 이 <세계 전체>를
<[쉬바와 동일한] 참나의 놀이>로 본다.

   와[혹은]를 사용하여, 1장에서 기술한 <니밀라나
사마디의 방편>은 임의적이나, <[우주와 동일성을
가지는] 이런 깨달음>은 핵심적이고 또 성취하기
어렵다는 것을 암시한다.

   그러므로 경문의 의미는 다음과 같다.

<이런 깨달음[즉 의식(意識)]>은 얻기가 어렵고, <다음 생(生)이 없는 소수(少數)>에게만 있다. 그는 <이 세상 전체>를 <그 자신의 놀이[유희(遊戲)]>로 보고, 운메샤[전개(展開)]와 니메샤[축폐(縮閉)]로 그것을 현현하고 또 철수한다.

바가바드 기타의 언급처럼, "그 마음이 내 안에 용해(溶解)되고, 항상 나와 연합하고, 나를 섬기는 자"(12:2), 그 <위대한 요기>는 그의 의식을 항상 **우주 의식** 속으로 용해한다.

그는 **살아 있는 동안**[즉 호흡을 유지하는 동안], 속박(束縛) 전체가 <영적(靈的) 지식의 불>로 재가 되고, 몸이 죽은 뒤에는 **쉬바** 그 자신으로 거한다. **살아 있는 동안 그는** 정말로 **해방되고**, 속박으로 고통 받지 않는다.

의심(疑心)은 없다는 말은, 입문(入門)과 해방은 <구루 즉 영적인 안내자를 **신뢰(信賴)하는 것**>으로 오는 것을 암시한다. 그러나 그런 <지식과 행동>은 **자신의 경험(經驗)에서 온다.**

이 <위대한 깨달음>이 모든 수행자와 스승들이 열망하는 대상을 얻는 방법이다.

< 6 > < 7 >

이것은 단지 <명상자의 마음>에서
<명상의 대상>의 현현일 뿐이다.
<대상과의 동일성>의 깨달음은
수행자의 확고한 의지(意志)로 얻는다.

이것이 바로 불멸(不滅)로 이끄는
참 암브로시아를 얻는 길이다.
이것은 <해방의 입문>으로
<쉬바와의 동일성>으로 이끈다.

Ayam eva udayah tasya
    dhyeya-sya dhyayi-chetasi
Tadatmata-samapattih
    icchatah sadhaka-sya ya

Iyam eva amrita-praptih
    ayam eva atmanah grahah
Iyam nirvana-diksha cha
    Shiva sat-bhava dayini

이 탓트와를 깨닫는 것으로, 요가 수행자는 그의
<갈망하는 대상(對象)>을 성취한다.

만약 사람이 그의 <명상의 대상>인 신성(神性)과 동일한 것임을 깨달으면, 그는 궁극적으로 쉬바와 동일시되고, 불멸(不滅)을 얻는다.

여기서 "사람은, <쉬바[하나님]가 되는 것>으로, 쉬바[하나님]를 예배해야 한다."고 선언한다!

그것 홀로만이 <명상자의 마음>에서 <명상의 대상>의 현현(顯現)을 이루고, 또 그것은 <명상의 대상과의 동일성>을 깨닫는 것으로 이끈다.

댜이-체타시는 <명상자의 마음에서>를 의미하고, 타샤 데야-사는 그 <명상의 대상의>를 말한다. 즉 <쉬바가 아닌 상태>는 없다"나 "어떤 대상을 얻는 원인인 만트라의 특별한 신성(神性)의"에서 기술한 것처럼 <쉬바의 본성의>를 의미한다.

아얌 에와 우다야는 <이것은 그것의 현현이다> 는 의미로, "그러므로 말이든 대상이든 생각이든 <쉬바가 아닌 상태>는 없다"는 말에서처럼, 그가 사다카[수행자]든 아차리아[스승]이든, <명상자>는 <명상의 대상>과 동일성을 일으킨다.

타다트마타 사마팟티는 <쉬바와의 동일성>을 의미하는 것이지, <다섯 개 머리를 가진 신상(神像) 같은 어떤 분리된 형상의 인식(認識)>이 아니다.

잇차타는 <단순한 결정>인 아닌, <의지(意志)에
깊이 잠긴 자>에 의해 - 지나가는 <생각> 정도가
아니다. - <(모든 것의 참나인) 저 쉬바와 하나가
되려는 의지(意志)>를 말한다.

이것이 그 의미다.

"모든 것은 이 <불이(不二)의 빛[즉 스판다]>과
관련되기 때문에 - 그것은 그의 앞에는 나타나지
아니할, <명상의 대상>인 만트라의 신격(神格)이다.
- '나는 쉬바이고, 의식과 지복의 덩어리이고, 우주
전체는 나의 몸이다.'는 그의 단호한 의지(意志)는,
<그것을 알아채는 일>과 <동일성을 깨달음>으로
일어난다. 그것은 <생각이 아닌 것>의 결과이다."

<이런 깨달음>은 <생각의 방법>으로 오지 않고,
<의지(意志)의 방법[샴바보파야]>으로 온다.

웃팔라데바는 말한다.

"오, 주여.
 <당신 자신이 나투신 모습>인
 이 온 세상(世上)에서

당신의 헌신자(獻身者)에게
그 무엇이 성소(聖所)가 아니겠으며
이 헌신자의 만트라가
그 어디에서 열매를 맺지 않겠습니까?"

이것이 그의 위대한 성취다. 그는 <**지고(至高)의
불이**(不二)>라는 암브로시아 즉 불사약(不死藥)을
얻었다. 에와는 <홀로, 오직>의 뜻으로, 다른 어떤
암브로시아로도 - 그것이 잠시 몸을 위하더라도 -
수행자의 죽음은 불가피하다는 것이다.

스왓찬다 탄트라는 거듭거듭 말한다.

"암브로시아를 얻었더라도 <시간(時間)에 의해
일어나는 죽음>을 결코 이길 수 없다."

"(그러나) <**지고의 탓트와에 굳게 선 자**>는 모든
형태의 시간에 괴롭힘을 당하지 않는다."

"사람은 <모든 것>을 <**쉬바와 샥티의 형태**>로
보아야 한다."

"항상 <이 확신(確信)을 가진 자>는 **살아 있는
동안 해방된다.**

시간(時間)은 <항상 쉬바를 명상하는 자>의 목은
결코 조를 수 없다.

<스왓찬다 요가의 방법>으로 자유롭게 기능하는
요기는 <스왓찬다 상태>와 연합하고, <스왓찬다와
동등성(同等性)>을 얻는다.

<스왓찬다가 되는 자>는 자유롭게 움직이고, 또
<완전한 자유>를 누린다."

<스왓찬다 요가>는 <스와탄트리야[절대 자유]>
즉 <(쉬바의 핵심적 본성인) 신성의 그 나-의식>과
합일(合一)하는 것을 의미한다.

"스왓찬다"는 <바이라바의 절대 자유의 의지>를
말한다.

"아얌 에와 아트마나 그라하"- "이것이 유일한
<참나의 실현[인식]>이다." 참 <자아실현>이다.
[이 구절은 우리말 경문(經文)에는 넣지 못했다.]

"자아는 실현되어야 한다."는 말은 <나의 자아를
(전지전능하고, 완전한 자유인) 쉬바 즉 의식(意識)
으로 재인식(再認識)하는 것>을 말한다.

베단타에서 "이 모든 것이 참으로 푸루샤다."고
말하는 그 자아[아트마]가 아니다.

[베단타의 푸루샤는 아트마 즉 <신성의 의식>을
말하기도 한다. 그러나 쉬바-비압티는 아니다.]

스왓찬다 탄트라는 말한다.

"자아[아트마]의 모든 수도자들은 **지고의 상태**에
도달할 수 없다."

카시미르 쉐이비즘에서는 <아트마-비압티> 즉
<**자아[참나]** 실현>이 최고의 이상(理想)이 아니고,
<쉬바-비압티> 즉 <**참나와 우주 둘 다를 쉬바로
여기는 깨달음**>이 최고의 이상이다.

<수행자의 **자아**가 우주 의식과 연합하는 목표를
위한 입문(入門)>의 경우에, 이 지식을 나누어주는
일은 그 수행자에게 허여(許與)된 호의(好意)다.

이 지식을 가진 스승[**아차리아, 성령**(聖靈)]은
<수행자의 **자아**를 **쉬바[하나님]**와 연합하게 하는
것으로> 그의 권위를 정당화한다.

이것이 푸트라카 등에게 <쉬바의 본성의 지식을
주어> 깨달음으로 이끄는 <**해방**(解放)을 위한 **입문
[니르바나-딕샤]**>이다.

[입문(入門)은 2장 1, 2절의 설명을 보라.]

『파라 트리쉬카』는 말한다.

이 만트라를 아는 자는, 공물(供物) **없이도
확실한 <해방**(解放)**의 입문>을 한다.**

"이런 식으로 **실재(實在)**를 아는 자는, [형식적인 예배에서] 참깨와 기(버터)의 공물(供物) 없이도, <해방을 얻는 확실한 입문(入門)>을 가진다."

<사제(司祭)>에 의한 입문> 역시 입문이다. 사제에 의한 입문을 경시(輕視)하지 않기 위하여, <해방을 위한 입문[니르바나-딕샤]>에서는 에와[홀로, 오직]라는 말은 사용하지 않는다.

ꙮ   ꙮ   ꙮ

사하자 비됴다야 즉 <사하자 비디아의 출현>은 2장에 적절한 이름이다.

사하자 비디아 혹은 **숫다 비디아**는, <프리트비[흙, earth]>이고 <속되게[earthy]> 보이는 그 모든 다양성에도 불구하고, 거기에는 <그 모든 **실재**>와 연합(聯合)된 <**지고(至高)**한 "**나-의식**"과의 단일성(單一性), 동일성(同一性)의 느낌>이 달리고 있다는 것이다. 바수굽타는 말한다.

그러므로 말이든 대상이든 생각이든
<쉬바가 아닌 상태>는 없다.

1장에서 강조하는 것은 <자아의 실현[깨달음]> 즉 카시미르 쉐이비즘의 용어로 **아트마-비압티**다. **쉬바**를 **자아**로 보는 것이다.

2장에서 강조하는 것은 <우주>를 **쉬바**로 깨닫는 것이다. 즉 **쉬바-비압티**다.

다른 말로, 1장에서는 <니밀라나 사마디[내향적 명상]>이다. 내밀(內密)한 **자아** 속으로 뛰어들어서 그것을 **쉬바**로 깨닫는 것 말이다.

2장에서는 <운밀라나 사마디[외향적 명상]>로, 감각(感覺)이 외부적인 지각 작용에 열려 있음에도 불구하고 세상을 <**쉬바**의 **지복**의 구현(具顯)>으로 느끼는 것이다.

크세마라자는 그것을 **마하-사마팟티** 즉 <최고 깨달음의 쿠데타>라고 옳게 말했다.

2장의 이 두 절로, <**사하자 비디아**의 출현>의 빛 안에서, 저자는 구도자가 영적인 실천에서 겪는 신비적 중요성을 말했다.

만트라에 육화된 신성이 그에게 그 자신을 드러내도록 하기 위하여, 수행자는 **만트라**를 명상해야 한다. 저자는 <(구도자 편에서) **쉬바와의 동일성**의 깨달음은 신성의 현현(顯現)>이라고 한다. 그것을 위해 그는 불면(不眠)의 밤과 낮을 보낸 것이다.

231

인간은 그를 **불멸**(不滅)하게 해줄 암브로시아를 추구해 왔다. 저자는 <사람이 **쉬바와의 동일성을 깨닫는 것**>이 진정한 암브로시아라고 한다. 그것이 생사의 윤회로부터 자유롭게 하기 때문이다.

수행자는 **해방**[니르바나]을 위해, 자신을 지루한 **입문**[딕샤] 의식(儀式)에 복종시켜야 한다. 저자는 <**쉬바와의 동일성을 깨닫는 것**>이 진정한 <**해방을 위한 입문**>이라고 한다.

웃팔라 밧타는 **입문**(入門)을 이렇게 말한다.

"딕샤[diksha]는 깨달음을 <주고>, 모든 불순을 <깬다>. 그것이 사람이 무명(無明)의 잠에서 <깨는> 깨달음을 <주기> 때문이다. 그래서 딕샤라고 한다. <주는 것[di]>과 <깨는 것[ksha]>, 두 가지 특징이 있다."

모두에게 은덕(恩德)이 있기를!

제 6 장

비부티 스판다 I

< 1 > < 2 >

<우주의 지지자>인 쉬바는

<바라는 바>를 간절히 구하면

달과 해의 상승(上昇)을 일으켜

<깨어 있는> 가슴의 모든 것을 이룬다.

그렇게 <꿈에서>도 주(主)는

중앙 나디에 나타나는 것으로

그의 간청(懇請)과 일치하게

항상 명확히 <바라는 바>를 드러낸다.

< 3 >

그렇지 않으면, 신성의 창조적인 힘은

항상 사물을 현현하는 데 자유롭다.

깨어 있고, 꿈꾸는 상태에서도

보통 사람들의 경우처럼

< 4 > < 5 >

진실로 주의에도 불구하고, 사물처럼

처음에는 분명하지 않게 인식되지만

힘을 다해 진지하게 관찰하면

나중에는 더 분명하게 나타난다.

그러므로 <실제로 존재하는 것>은
어떤 형태, 장소, 조건에서든
그 힘을 의지할 때
즉시 그 방식으로 나타난다.

< 6 >
약한 자가 그 힘을 의지하여
무엇을 행하는 데 성공하듯이
몹시 굶주린 자도
그 굶주림을 이긴다.

< 7 >
몸이 스판다로 편재(遍在)할 때
그 몸과의 관련을 <아는> 것처럼
수행자가 참나에 확립(確立)될 때
어디서든 전지(全知) 등을 가지리라.

< 8 >
도둑처럼 무력감(無力感)은 생기를 훔쳐간다.
무력감은 무명(無明)으로부터 생긴다.
운메샤로 무명이 사라지면,
그 원인이 없는데 그것이 지속되겠는가!

< 9 >
한 생각으로 점유된 마음에서
<다른 것>이 일어난다.
그것은 "운메샤"로 알려져 있고
스스로 경험(經驗)해야 한다.

< 10 >
이것에서 이상한 빛, 소리, 형상, 맛이
잠시 동안 수행자에게 나타난다.
아직도 몸과의 동일시에서 벗어나지 못한 것,
그런 것은 방해요소다.

1장과 2장에서는 **스판다 샥티**로의 흡수(吸收)는 <내향적 명상[**니밀라나 사마디**]>과 <외향적 명상[**운밀라나 사마디**]>으로 일어날 수 있다고 했다.

그것은 <상호(相互) 침투적인 것>이다. <신성의 내적인 경험>은 외부적으로 경험되어야 하고, 또 <신성의 외부적인 경험>은 내면적으로 경험되어야 한다.

이제 3장의 **비부티 스판다**에서, 저자는 **스판다 탓트와**를 굳게 잡는 것으로 얻는 <보다 높고 낮은 굉장한 힘>을 설명한다.

또 속박과 해방의 본질을 간략히 기술하고, 1장에서 시작한 것을 결론짓는다.

< 1 > < 2 >
<우주의 지지자>인 쉬바는
<바라는 바>를 간절히 구하면
달과 해의 상승(上昇)을 일으켜
<깨어 있는> 가슴의 모든 것을 이룬다.

그렇게 <꿈에서>도 주(主)는
중앙 나디에 나타나는 것으로
그의 간청(懇請)과 일치하게
항상 명확히 <바라는 바>를 드러낸다.

Yatha iccha-abhyarthitah dhata
    jagratah arthan hridi sthitan
Soma-surya-udayam kritva
    sampadayti dehinah

Tatha svapne api abhishta-arthan
    pranayasya anatikramat
Nityam sphutataram madhye
    sthitah avashyam prakashayet

    잘 알려진 <깨어 있는 상태에서의 자유>를 추론
하는 것으로, <꿈에서의 자유>를 언급한다.

<깨어 있을 때> 쉬바[주]가 수행자의 <바라는 바[욕망(慾望)]>를 만족시키듯이, <꿈꿀 때> 수슘나에 나타나는 것으로 <바라는 바[욕망하던 대상]>를 드러낸다.

1장 17절의 "<완전히 깨어 있는 이>는 그 지식(知識)을 세 가지 상태에서 끊임없이 갖지만" 즉 "완전히 깨어 있는 사람은 항상 스판다 탓트와의 그 경험(經驗)을 가진다."라는 말과 또 1장 21절의 "그러므로 항상 주의(注意)하여 스판다 탓트와를 알아채야 한다."는 말로, 저자는 <부분적으로 깨어 있는 자>에게 <완전히 깨어 있는 상태>를 얻도록 충고한다.

1장 23, 24, 25절은 <끊임없고 강력한 수행>의 방편으로 <깊은 잠>의 덮개를 찢을 수 있다고 충고한다.

이제 <(보통의) 꿈과 깊은 잠의 상태>를 낱낱이 부수는 힘으로 <완전히 깨어 있을 수 있는 일>을 증명하기 위해, 꿈과 관련한 <비상(非常)한 힘>을 보여준다.

[이 두 경문은 수행경(修行經) 『쉬바 수트라』의 1장 19절 "의지(意志)의 힘으로 몸을 창조하고"의 설명에서 약간 언급한 것이다.]

다타는 <그 자신 안에 모든 것을 잡은 자> 즉 <**우주의 지지자**(支持者)>인 쉬바를 말한다.

자그라타는 <**깨어 있는 이**의>, <깨어 있는 상태에서 그의 자유를 그 자체에 현현한 그에게>를,

데히나는 <[아직] 몸에 있는 **요기**의> 혹은 <깨어 있는 조건에서 지식을 가진 **요기**의>를,

잇차-아뱌르티타는 <[쉬바는 그 요기가] 내면의 본성을 알아채는 일로 기뻐서>의 의미다.

그는 요기의 **가슴**에 있는 대상(對象)을 가져온다. <**빈두**[갸나]와 **나다**[크리야]>의 수단으로, **요기**는 다른 사람들의 마음에 동요(動搖)를 일으키고, 다른 사람들의 지식을 이리저리로 흩트리고, 그 지식을 움직이지 못하게 하고, 다른 데로 지식을 전달한다.

빈두[점(點)]와 **나다**[소리]는 상징(象徵)이다.

아나보파야의 견지에서 **빈두**와 **나다**는 **프라나**와 **아파나**를 상징하고,

샥토파야의 견지에서는 **프라마나**와 **프라메야**를,

샴바보파야의 견지에서는 **갸나**와 **크리야**를,

아누파야의 견지에서는 **프라카샤**와 **비마르샤**를 상징한다.

여기서는 **갸나**[지식]와 **크리야**[행위]를 상징한다.

어떻게 그렇게 하는가? **달과 해의 상승(上昇)을 일으켜** 즉 **달**인 <갸나 샥티[지식의 힘]>와 **해**인 <크리야 샥티[행위의 힘]>를 일으켜서.

<인식하는 힘[갸나 샥티]>으로 생각되어진 모든 것은 <동작하는 힘[크리야 샥티]>으로 실행된다.

요기의 몸으로 들어간 <위대한 주(主)>는 여러 종류의 힘을 일으킨다.

<아파나 샥티와 프라나 샥티의 확장>에 의한 <통찰(洞察)을 통한 전이(轉移)> 등. 그것의 정수는 갸나 샥티와 크리야 샥티의 확장이다. 또 그것은 스판다 샥티를 굳게 잡는 것으로 생겨난다. 그것의 <직관적(直觀的) 지식>은 <통찰력 있는 명상>으로 펼쳐진다.

소마-수료다얌 크리트바는 <**달과 해의 상승**으로 인해>의 뜻이다. 소마와 수리야도, 앞에서 설명한 빈두와 나다처럼, 상징이다.

아나보파야에서는 소마(**달**)는 들숨의 아파나를, 수리야(**해**)는 날숨의 프라나 샥티를,

샥토파야에서는 소마는 갸나 샥티[**지식의 힘**]를, 수리야는 크리야 샥티[**행위의 힘**]를,

샴바보파야에서는 소마는 비마르샤를, 수리야는 프라카샤를 상징한다.

여기서는 **갸나 샥티와 크리야 샥티**를 말한다.

비갸나 바이라바는 말한다.

잠드는 순간을 알아채라.

"아직 잠은 들지 않았고, 이제 막 잠이 들려고
할 때, 모든 외부적인 대상은 사라질 때 - 그때
[<잠자는 것>과 <깨어 있는 것> 사이의] 그 상태에
집중해야 한다. 그 상태에서 **지고(至高)의 여신**이
자신을 드러낼 것이다."

프라나를 꿈속에서 알아채라.

"만약 거친 **프라나 샥티**가 미약(微弱)하게 되고,
수행자가 **드와다샨타**에서 그런 **샥티**를 명상하게
되면, 그때 <깨어 있는 것>과 <꿈꾸는 것> 사이로
들어가는 것으로, <꿈의 지배자>가 될 것이다. 그는
자신이 원하는 꿈만 꾼다."

여기의 <**드와다샨타**[12 손가락 거리]>는 <내부의
드와다샨타>를 말하며, 세 가지 단계가 있다.
1) **흐리다야** 즉 <몸의 중심>
2) **칸타쿠파** 즉 <목 아래 오목한 곳>
3) **브루마드야** 즉 <두 눈썹 사이>

<우주의 지지자>인 쉬바는
<바라는 바>를 간절히 구하면
달과 해의 상승(上昇)을 일으켜
<깨어 있는> 가슴의 모든 것을 이룬다.

그렇게 <꿈에서>도 주(主)는
중앙 나디에 나타나는 것으로
그의 간청(懇請)과 일치하게
항상 명확히 <바라는 바>를 드러낸다.

카시미르 전통에 따르면, <떠받치는 자[쉬바]>는
<칫 샥티[의식의 힘(力)]를 알아채는 일>로써 항상
신성(神性) 즉 **하나님**에게 기도하는 **요기**의 **수슘나**
영역에 나타난다.

칫 샥티는 프라나[비사르가]와 아파나[아라니]의
수행(修行) 둘 다에 있다. **프라나**와 **아파나**는 날숨
(바마나)과 들숨(그라사)과 연결되어 있다. 그리고
그는 잠을 즐긴다. 잠속에서 그는 <수행(修行)[요가-
니드라]>하고 있다.

꿈에서도 **수슘나** 영역에 있는 **그**는, 통찰력 있는
명상의 활기로 연마된 마음의 거울 안에서, **아나바
사마베샤, 샥타 사마베샤, 샴바바 사마베샤** 같은
<**바라는 바**> 아니면 <다른 욕망의 대상>을 확실히

드러낸다. [사마베샤(흡수), 사마팟티는 사마디의 동의어다.]

이런 수행자는 <꿈>과 <깊은 잠>의 심취로부터 결코 괴롭힘을 당하지 않는다. "<꿈에서>도"라는 말은 <깊은 잠> 또한 포함한다. <깊은 잠>에서도 또한 그는 <바라는 바[원하는 대상]>를 드러낸다.

주(主)는 결코 은혜(恩惠)를 주는 것을 거부하지 않는다. "은혜"라는 것은 <마야의 혼탁이 그치는 것>이고 <그의 기도(祈禱)의 결과>이고, 다른 말로, <내면의 (신성의) 본성(本性)에 대한 열렬한 수행>일 뿐이다.

본성이 의식(意識)인 <위대한 주(主)>는 <내면의 성실함을 가지고, 기도(祈禱)한 자를 위해> 그 모든 일을 확실히 가져온다.

자그랏은 이중의 의미로, 즉 <깨어 있는 상태에 있는 자>와 <지고(至高)의 탓트와에 주의하고 있는 자> 둘 다로 해석되어야 한다.

그런 식의 집중(集中)[다라나]을 하지 않는다면, 그렇지 않으면 그런 사람은 수행자(修行者)[요기]가 되기에 적합하지 않다.

< 3 >
그렇지 않으면, 신성의 창조적인 힘은
항상 사물을 현현하는 데 자유롭다.
깨어 있고, 꿈꾸는 상태에서도
보통 사람들의 경우처럼

Anyatha tu svatantra syat
    srishtis tad dharma-katvatah
Satatam Laukikasya-iva
    jagrat svapna pada-dvaye

　　<깨어 있을 때> <꿈꿀 때>의 그 경험의 자유를
가지지 않았으면, 수행자는 아주 열심히 꾸준하게
노력해야 한다고 충고한다.
　　만약 수행자가 **깨어 있지 않으면**[**지고(至高)**에
주의(注意)하고 있지 않으면], <깨어 있을 때> **보통
사람들의 경우처럼** 똑같은 경험을 가질 것이고, 꿈
에서는 <특정한, 개인적인 경험>을 가질 것이다.

　　만약 수행자가 <우주를 떠받치는 자>에게, **앞에
기술한 방법으로** 항상 기도(祈禱)[**간청(懇請)**]하지
않는다면, 그때는 그의 핵심적 본성에 남아 있는
일이 없음으로, **신성의 창조적인 힘**은 - 그 본성이

대상을 현현하고, <보통인 것>과 <보통이 아닌 것> 같은 일을 결정하는 것 등인데 - 수행자에게 항상 [그런 것을] 보여주는 것에서 아주 자유롭다. **깨어 있고, 꿈꾸는 상태에서도** 세상의 **보통 사람들의 경우처럼** 말이다.

<깨어 있을 때>, 모든 사람의 경험은 공통적인 것, <보통인 것>이다. 모두에게 공통인 <대상적인 경험>이다. 그러나 <꿈꿀 때>는 각 개인의 경험은 주관적인 것이고 <보통이 아닌 것>이다. 모두에게 공통적이지 않다.

그러므로 **간절히 구하지** 않는[즉 **간청하지** 않는, **기도하지** 않는] 이런 수행자는 **보통 사람들의 경우처럼** 윤회계[즉 지옥(地獄), 연옥(煉獄)]의 구덩이로 던져진다는 의미다.

"창조물이 <밖으로 향하는 경향>은 **주의 뜻**으로 결정된다."

신성의 창조적인 힘은 - 그것(신성)의 특성처럼 [탓 다르마-캇와타] - <깨어 있고> <꿈꾸는 상태> 둘 다에서 **사물을 현현하는 데** 아주 **자유롭다**는 것이다.

그렇지 않으면, 신성의 창조적인 힘은
항상 사물을 현현하는 데 자유롭다.
깨어 있고, 꿈꾸는 상태에서도
보통 사람들의 경우처럼

요기는, 신성 쪽으로 향하는 그의 신앙심 깊은
기도(祈禱)로 - 그것은 실제로 **그의 신성의 본성에
확립(確立)되는 것**을 의미한다. - **깨어 있고 꿈꾸는
상태에서 <그가 보려고 하는 것을 본다.>**

이것은 보통 사람들에게는 가능하지 않다. 이 두
상태의 경험은 그들의 통제 아래에 있지 않다.

그러나 **요기**가 부주의하거나 잘못한다면, 깨어
있고 꿈꾸는 상태에서도 **보통 사람들처럼** 똑같은
조건이 될 것이다.

<완전히 깨어 있는 상태>를 얻기 위해, 꿈꾸고
잠자는 조건을 흩어버리는 방법을 확립하고,

이제 **<완전히 깨어 있는 이>**를 위해 스판다에
흡수되는 방법을 예(例)와 추론으로 끌어낸다.

또 <알려지기를 바라는 대상[신(神)]>의 지식도
또한 이 방법으로 가능하다고 말한다.

< 4 > < 5 >

진실로 주의에도 불구하고, 사물처럼
처음에는 분명하지 않게 인식되지만
힘을 다해 진지하게 관찰하면
나중에는 더 분명하게 나타난다.

그러므로 <실체로 존재하는 것>은
어떤 형태, 장소, 조건에서든
그 힘을 의지할 때
즉시 그 방식으로 나타난다.

Yatha hi arthah asphutam drishtah
    sa-avadhane api chetasi
Bhuyah sphutatarah bhati
    sva-bala-udyoga bhavitah

Tatha yat parama-arthena
    yena yatra yatha sthitam
Tat tatha balam akramya
    na chirat sampravartate

    <바라는 바[<욕망하는 대상>]에서 지식(知識)의
나타남을 다룬다.

248

만약 수행자의 자아가 <쉬바의 핵심적 본성>과 동일시되면, 그것의 핵심적 형태 안에서 모든 것을 "<아는> 힘[전지(全知)]"을 부여받는다.

히는 <정말로>, <진실로>의 뜻이다.
진실로 마음의 모든 **주의(注意)에도 불구하고**, 거리 등의 장애 때문에, **사물은 처음에는 분명하지 않게** 보이지만, **나중** 시각적인 **힘을** 적용하여 다시 자세히 **관찰하면**, 명확하게 나타날 뿐만 아니라, 더 선명하기조차 하다.

그렇듯이 스판다 탓트와[얏]의 그런 **힘이, (의식 -지복의** 덩어리인) **본성(本性)** 안에 최고의 형태로 [파라마-아르테나 예나] 존재할[스티탐] 때,
힘을 다해 진지하게[즉 <내면의 **본성(本性)**>과 동일성을 느끼는 강렬한 수행으로] **관찰하면**
쉬바와 동일한 자신의 핵심적 본성 안에
다르지 않은 방식에서 **그것**[탓]**은**
바로 **그 방식으로** 더 분명하게
즉시 나타난다[나 치랏].

탓[**그것**]은 주격(主格)으로 사용되었다. 어떻게? 수행자가 <경험자의 단계>를 <정신-신체적 유기체 형태>에서 그의 **참나** 속으로 합일하는 것으로.

ツ

그러므로 <실제로 존재하는 것>은
어떤 형태, 장소, 조건에서든
그 힘을 의지할 때
즉시 그 방식으로 나타난다.

<스판다의 **힘**을 의지하는, 소위 경험자의 상태인
몸, **붓디** 등을 거듭거듭 "지고의, 핵심적인 경험자"
위치까지 자극하는 요기>는, 그가 **알기를 원하는**
<무엇이든[얏]>, 예를 들어, <어디[**야트라**]>에 있는
보물이든, <**어떤 상태[예나]**>든 - 실제의 금(金)의
상태로, <**어떤 형태[야타]**>든, **그것은 즉시**(卽時)
나타난다.

[이것은 현대 심층심리학(深層心理學)에서, 융의
<동시성(同時性)의 이론>으로 <어느 정도> 설명될
수 있을 것이다.]

이제 저자는 그의 <**행위의 힘**> 또한 스판다의
힘 때문에 나타난다고 말한다.

< 6 >

약한 자가 그 힘을 의지하여
무엇을 행하는 데 성공하듯이
몹시 굶주린 자도
그 굶주림을 이긴다.

Durbalah api tad akramya
    yatah karye pravartate
Acchadayet bubhuksham
    cha tatha yah ati-bubhukshitah

마치 <금식으로 수행하는 요기>처럼 몸의 핵심적
구성요소가 쇠약한 사람이, <스판다 탓트와의 **힘을
의지하여**[즉 스판다에 흡수되고, 프라나 경험자의
상태에 자극을 받아]>, 그 금식을 **행하는 데 성공
하듯이** - 그것은 **행하는 데** 필수적이었다. **그 힘을
의지하여** 요기는 자신의 힘 너머에 있었던 그것을
행했다. - 그렇게 **몹시 굶주린** 수행자도 **그 힘을
의지하여 굶주림**, 갈증 등을 극복한다.

옷팔라 밧타는 **굶주림**이라는 말에는 <존재계의
여섯 고비>인 (프라나의) **굶주림**과 갈증, (마음의)
슬픔과 미혹(迷惑), (몸의) 늙음과 죽음이 포함되어
있다고 한다.

<영적인 **의식**(意識)의 상태>에 들어간 사람에게,
<열(熱)과 냉(冷)> 등의 <대극(對極)의 쌍>에 대한
복종은 있을 수 없다.

<대극의 쌍>이란 단지 <프라나의 단계>에서만
기능하기 때문이다. **요기**의 경우에서, 그런 것은
<영적(靈的)인 **의식**의 단계>에서 용해된다.

비갸나 바이라바는 말한다.

배고픔이 시작될 때 알아채라.

물론 여기의 **굶주림**과 **배고픔**을 <육체적인 것>
으로만 볼 필요는 없다. 어쩌면 우리는 그 **무엇에**
몹시도 **굶주리고**, 그 무언가에 **배고파서** 이번 생을
살고 있는지도 모른다.

쉬바 수트라는 말한다.

허전함에 밖을 찾고 묶인 존재가 되고

"욕망(慾望) 때문에, [존재계의 한 형태에서 다른
형태로 옮겨가는] 개아(個我)의 외향이 있다."

이런 <합리적인 수단>으로, 그는 **스판다**의 힘을 의지하는 것으로 수많은 <굉장한 자각적(自覺的)인 힘>을 얻는다. 그러므로……

< 7 >

몸이 스판다로 편재(遍在)할 때
그 몸과의 관련을 <아는> 것처럼
수행자가 참나에 확립(確立)될 때
어디서든 전지(全知) 등을 가지리라.

Anena adhishthite dehe
    yatha sarvajnata adayah
Tatha sva-atmani adhishthanat
    sarvatra evam bhavishyati

몸이 스판다에 의해 편재(遍在)할 때, 그때 <그
몸의 상태에> 맞는 사물을 경험(經驗)하는 것으로,
그 몸과의 관련된 <모든 것을 알 수 있고> <모든
것을 행할 수 있는> 상태들이 육화(肉化)된 존재에
나타난다.

그러므로 수행자가 멸(滅)하지 않는 참나에 확립
된다면 - 즉 앞에서 말한 <영적인 의식(意識)>을
재인식(再認識)한다면 -
그가, 거북이가 자신 안으로 네 발을 감추듯이
<감각 등을 자신 안으로 철수하는 것[상코차]>으로,
아니면 <모든 것을 포함하는, 의식을 확장하는 것

[비카사]>으로, 꾸준히 그 상태에 흡수된다면,

그때 그는 **어디서든**[모든 곳에서] 쉬바에 적합한 **전지**(全知)와 **전능**(全能)의 힘을 얻는다.

쉬바[의식] 탓트와에서 프리트비[흙(地)] **탓트와**까지의 **어디서든** 말이다.

스와-아트마니는 <그의 불멸(不滅)의 **참나**>를 말한다. <(몸과는 구별되는) 순수하고 영적인 **의식**인 그의 **본성**(本性)>을 말한다.

상코차는 감각의 활동으로부터 주의를 철수하여, <모든 활동성의 근원이고 배경>인 <내면의 **실재**> 쪽으로 돌리는 수행을,

비카사는 감각 기관이 외부의 대상에 열려 있을 때라도 주의를 <내면의 **실재**>에 집중하는 수행을 의미한다.

스판다 탓트와의 은총(恩寵)을 통해서도 또한 이 경험을 가질 것이다.

< 8 >

도둑처럼 무력감(無力感)은 생기를 훔쳐간다.
무력감은 무명(無明)으로부터 생긴다.
운메샤로 무명이 사라지면,
그 원인이 없는데 그것이 지속되겠는가!

Glanih vilunthika dehe
    tasyah cha ajnanatah sritih
Tad-unmesha viluptam chet
    kutah sa syat a-hetuka

<영적인 무지(無知)>로부터 의기소침(意氣銷沈)은
지속된다. 의기소침은 그 무지가 사라지면 더 이상
있을 수 없다.

데헤 야 글라니는 <[<몸>을 참나로 여기는 사람
에서] 기쁨[지복]이 사라지는 것>을 말한다.

빌룬티카 즉 도둑은 <지고의 의식에서> 부(富)를
훔쳐 <제한된 형태의 가난>을 일으킨다.

무력감은 (의식-지복의 덩어리인) 자신의 본성을
<재인식하지 못한 것> 즉 <무명(無明)> 때문이다.
그러나 그 무지(無知)가 운메샤에 의해 파괴된다면
- 운메샤의 핵심은 다음 절에서 다룬다. - 그러면

그 **무력감**, 그 의기소침은 <그것의 **원인**[**무명**]>이 없는데 **지속되겠는가**? 그것은 사라질 것이다.

무력감(無力感) 즉 **의기소침**(意氣銷沈)이 없으면, 질병(疾病) 등의 <몸에 대한 피할 수 없는 괴로움의 상태>는 제거될 것이다. 그것이 제거된 범위까지, 마치 용광로에서 찌꺼기를 제거한 금이 빛나듯이, 그 범위까지 그의 **본성**(本性)은 빛날 것이다.

그러므로 <몸에 남아 있는 동안> 무력감이 없는 것은 <위대한 요기>의 영광(榮光)이다!

<위대한 요기니> 마다라사는 아이들을 가르치며 말한다.

"아이들아!
<몸>을 <나 자신>으로 여기는
어리석음을 저지르지 말거라.
몸은 썩어가는 껍데기와 같으니
거부(拒否)할만 하단다.

<너의 것>인 이 몸은,
너의 선악(善惡)의 행동으로
또 자만심(自慢心)에 차서,
옷처럼 <너>에게 묶여 있단다."

이 경문은 또한, **요기**의 몸이 명상의 영약으로
스며들었을 때, 그가 제한된 힘을 원한다면 주름살,
흰머리 등의 질병에서 자유롭다는 것을 암시하기도
한다.

人頭日日白(인두일일백)
山色時時靑(산색시시청)
人山俱忘了(인산구망료)
無白亦無靑(무백역무청)

이 머리털 나날이 희어지고
저 산은 사시사철 푸르구나.
저 산도 사람도 잊어버리면
나잇살도 푸른 것도 없도다.

"운메샤의 본성[본질]은 무엇이며, 어떻게 그것이
[내게] 유용(有用)한 것인가?"

< 9 >
한 생각으로 점유된 마음에서
<다른 것>이 일어난다.
그것은 "운메샤"로 알려져 있고
스스로 경험(經驗)해야 한다.

Eka-chinta prasaktasya yatah
    syat apara udayah
Unmeshah sah tu vijneyah
    svayam tam upalakshayet

운메샤 즉 <영적인 의식(意識)이 열리는 일>의
성격을 정의한다.

운메샤는 두 가지 생각의 교차점에서 일어난다.
그것은 <모든 생각과 관련이 되는 선험적(先驗的)인
자아>이고, <그 [모든 생각의] 근저(根底)에 있는
[영원한] 주체>로서, 그 모든 것을 관통해서 도도히
흐르고 있다.

비갸나 바이라바는 말한다.

사랑스러이 보라.

"수행자의 **마음이 <한 대상>**을 떠나 **<다른 대상> 쪽으로 움직이지 않을 때, 그때,** 그것은 둘 사이의 중간에서 멈추게 된다.

그 <중간 지점>을 통해, 모든 명상을 초월하는 <순수 **의식**>이 펼쳐진다."

비갸나 바이라바 경문이 말하듯, **그때,** 거기에는 **<다른 것>이 일어난다**[아파로다야]. 즉 거기에는 [**지복**으로 가득한] <초월적인 **알아채는 일**>이라는 현상이 있다.

[아파로다야 즉 "**<다른 것>이 일어난다**"는 것을 **<알아채는 일>이 일어난다**가 아닌, **<다른 생각>이 일어난다**로 읽을 수도 있다.]

어떤 사람들에게 그런 일이 일어나는가? 그것은 <깊이 열중(熱中)하고 있는> 즉 <깊이 한 생각에 집중(集中)하고 있는>, **<한 생각으로 점유된 마음에서**[에카-친타 프라삭타샤]> 그것이 일어난다.

그는 무엇에 대한 생각을 하는가? <특정한 대상 혹은 일에 대한 생각>이다. 그 안에서 마음의 모든 동요(動搖)는 조용하게 된다.

어디로부터 **<다른 것>** 즉 <초월적인 **알아채는 일**>이 일어나는가? 그것은 **스판다**로부터 일어난다.

거기서는 <지식>과 <(그 지식의) 대상>의 다름이 사라진다. **오로지 그 생각에 대한 집중(集中)으로 일어나는 "의식(意識)의 확장" 때문에 <(그 생각의) 대상>이 그치는 것으로, <생각의 구조물> 전체가 갑자기 사라진다.**

그것은 <**의식(意識)의 개화**>이기 때문에, **그것은 "운메샤"로 알려져 있고**, 실현(實現)되어야 하고, 재인식되어야 하고, 추구(追求)되어야 한다. **그것은** 수행자에게 <**알려질[느껴질]**> 수 있다.

스와얌 탐 우팔락샤옛[스스로 경험해야 한다]은 이런 의미다. 운메샤는 <이것> 즉 대상(對象)으로 파악될 수 있는 것이 아니기 때문에, 사람은 <어떤 인위적인 노력도 없이, 단지 **알아채는 일**로> 자신 안에서 **스스로** 그것을 **경험해야**[알아야, 관찰해야, 느껴야] **한다.** 그것은 아주 <굉장한 **지복(至福)**의 형태로> 재인식되어야 한다.

다른 주석자들은 이렇게 해석하기도 한다.

"한 가지 대상의 생각으로 깊이 몰두한 사람의 마음에서 <다른 생각>이 일어나고, <그 두 생각이 편재(遍在)하는 곳>[혹은 <그 두 생각 사이의 틈>], 그것이 운메샤다."

한 생각으로 점유된 마음에서
<다른 것>이 일어난다.
그것은 "운메샤"로 알려져 있고
스스로 경험(經驗)해야 한다.

이것은 아주 중요한 수행이다. 기억해야 할 것이
세 가지가 있다.

첫째, **아파로다야**는 <(다른) **알아채는 일**이 일어
나는 것> 혹은 <다른 생각이 일어나는 것>을 의미
한다. **크세마라자**는 첫째 의미로 여겼다. 그것은
파라-프라마트리-바와 즉 <선험적 자아를 알아채는
일>, <형이상학적 자아를 알아채는 일>을 말한다.
크세마라자가 말하고자 하는 것은, <우리 마음이
한 생각에 깊이 몰두하고 있을 때>, 마음은 완전히
조용해지고, 다른 생각에 빠지는 것이 제한된다.
<(대상적) 경험을 초월한 **자아**>가 자신을 드러내는
것은 그러한 순간이다.
**마음은 <실제의 것>을 죽이는 자다. 죽이는 자가
죽을 때, <실제의 무엇>은 그 자신을 드러낸다.**
[불교의 <화두 참선>과 기독교의 <말씀 묵상>은
모두 이를 위한 것이다.]

둘째, 사람은 그 **실재(實在)**를 파악하는데 있어, <자신의 지지대(支持臺)> 위에 있어야 한다. 그런데 사람이 그것을 대상(對象)으로 파악하려고 한다면, 그는 불행으로 떨어질 것이다. 왜냐하면 **실재는** <영원한 주체>이기 때문이다.

그것은 결코 대상으로 환원될 수 없다. 그것이 **스와얌 탐 우팔락샤옛[스스로 경험해야 한다]**을 말하는 이유다. 정말이지, <겪지 못한 이>에게는 **말하기 어렵구나**[不證者難言此(부증자난언 차)]다!

크세마라자는 <형이상학적 **자아**>는 **대상화될 수 없기 때문에**, 그것을 <모든 외부적인 장식(裝飾)을 떨어낸 **나-의식**>으로 알아채는 데는 노력(努力)이 필요 없다고 한다. [노력은 오히려 방해물이다.]

라마칸타는 말한다.

"이 **경험**은 '**그것**이 바로 <나>다. 곧 <최고의 나>이고, <만물의 샘과 원천(源泉)>이고, 다른 모든 것과는 구별된다.'고 주관적(主觀的)으로 여겨져야 한다.

그것의 본성(本性)은 소리 등과 같이 '이것'으로, 즉 객관적(客觀的)으로 파악될 수 없다."

셋째, **라마칸타**는 아주 중요한 것을 말한다.

"어떤 이들[불교도(佛敎徒)]은 <첫 번째 생각>이 <다음 생각>이 일어나는 원인이라고 말한다. 그 둘 사이에 끼어드는 것은 아무것도 없다. 두 생각으로부터 멀리 떨어진 것이 두 번째 생각의 원인일지도 모른다. [라마칸타는 그 마음에 <작은 불교도>를 가진 듯, 어떻게 이런 말을 하는지……]

우리는 그 대답에서 <첫 번째 생각>과 <두 번째> 사이에는, <원인과 결과>로서 그 둘을 관련짓는 <세 번째>가 없이는, 아무런 인과관계가 없다고 말한다.

<이전(以前)과 이후(以後)를 원인과 결과로 관련짓는 그것>, <그 두 가지 경험을 부정(否定)할 수 없게 관련짓는 그것>, 그것이 바로 '그 두 생각이 떠오르는[떠오를 수 있는]' **<순수 의식 (意識)>이다.** 그것은 <모든 것의 밑바탕, 샘과 근원>이다. 그것이 **자아**[아트마]다. 그 **자아**를 **운메샤**라고 한다."

이제 <**위대한 요기**>는 운메샤의 수행에서 일어나는 <여러 가지 굉장한 힘들>을 거부(拒否)할 수 있는 것으로 여겨야 한다고 충고한다.

그것은 하급(下級)의 **요기**들도 노력으로 얻을 수 있는 것이다.

< 10 >

이것에서 이상한 빛, 소리, 형상, 맛이
잠시 동안 수행자에게 나타난다.
아직도 몸과의 동일시에서 벗어나지 못한 것,
그런 것은 방해요소다.

Atas vinduh atas nadah rupam
    asmat atas rasah
Pravartante achirena eva
    kshobhakatvena dehinah

<최고의 명상>에서 방해물인 그런 힘을 거부할
필요성을 기술한다.

운메샤를 깨닫게 되면, 사람은 짧은 시간 동안,
<대상의 세계 전체를 나타내는 빛으로, 두 눈썹의
사이에서는 별빛 같은 이상한 **빛**>을, <**수슘나 나디**
에서는 미분화(未分化)된 모든 말을 나타내는, 부딪
히지 않고 자발적으로 나는 **소리**>를,
루파 즉 <어둠 속에서도 밝게 빛나는 **형상**>을,
<혀끝에서 경험되는 초월적인 **맛**(香味)>의 경험이
나타난다.

이런 것들은 <거친 **몸**[육체]> <미묘한 **몸**[마음]> <원인의 **몸**[영혼]>에 **동일시**(同一視)된 수행자에게 나타난다. 그는 아직도 용해되지 않았다. 그것들은 단지 일시적인 만족을 줄 뿐, **방해요소**다. 진실로, **스판다**를 깨닫는 데 방해물이다.

현자(賢者)들은 말한다.

"이것은 <명상의 길>에서는 방해물이다. **붓타나** 즉 <**명상**(적인 흡수) **뒤**(에 오는 보통의) **정상적인 의식의 상태**>에서 마법(魔法)의 힘으로 취급되어야 한다."

굉장한 빛과 소리는, 자신을 <몸>과 동일시하는 수행자에게는, 그가 **운메샤**의 내관(內觀)을 한다고 하더라도, **방해요소**일 뿐이다.

운메샤인 진정한 본성(本性)에 그의 정신-신체적 자신을 가라앉힌 **요기**는, **운메샤**의 형태 안에서 <최고의 경험자의 상태>를 경험한다고 저자는……

제 7 장

비부티 스판다 II

< 11 >

모든 대상을 보고픈 수행자가
그것들에 편재(遍在)할 때,
그때, 무슨 말이 소용 있겠는가!
스스로 경험할 것이다.

< 12 >

항상(恒常) 깨어 있어
지식으로 모든 현상을 관찰하며
<한 곳>에 모든 것을 맡겨야 한다.
그러면 다른 것으로 혼란하지 않다.

< 13 >

그는 <말로부터 일어나는 힘>의
희생자(犧牲者)가 된다.
칼라로 그 영광(榮光)을 빼앗기게 되어
그렇게 그는 파슈로 알려진다.

< 14 >

묶인 자에게 생각이 일어나는 것은
곧 불멸의 지복이 사라지는 일이다.
생각으로 그는 절대 자유를 잃는데,
생각의 영역은 감각의 대상에 있다.

< 15 >

브라흐미와 다른 힘들은
항상 본성을 감추려고 한다.
말의 연상(聯想)이 없다면
생각은 일어날 수 없다.

< 16 >

파슈 안에 있는 쉬바의 이 힘이
속박(束縛)의 근원이다.
이 힘이 실재의 접근법인 것을 알 때,
해방(解放)의 성취를 낳는다.

< 17 > < 18 >

탄마트라와 마나스, 아함카라, 붓디로 되는
푸랴슈타카 즉 <미묘한 몸>에 포위되어
그는 종속(從屬)되고
또 그로부터 생기는 기쁨과 고통을 겪는다.

푸랴슈타카의 존속(存續) 때문에
그는 윤회하는 존재계로 이끌린다.
그러므로 어떻게 이 윤회하는 존재계를
근절(根絶)하는지 일러주고 있노라.

< 19 >

그러나 <신성의 의식>에 뿌리를 내릴 때
푸랴슈타카를 자신의 통제 아래로 가져와
그는 진정한 향유자(享有者)가 되고
그때부터 <샥티 전체>의 주(主)가 된다.

< 1 >

의심의 깊은 바다를 건네주는 배와 같나니
스승의 말씀에 경의를 표하노라.
그의 말씀은
놀라운 의미로 가득하도다.

< 2 >

얻기 어려운 이 지식의 보물을 얻은 것과
<가슴의 동굴>에 잘 보존된 것이
바수굽타의 은덕(恩德)이듯이
얻는 것과 잘 보존하는 것, 모두의 은덕이리라.

< 11 >
모든 대상을 보고픈 수행자가
그것들에 편재(遍在)할 때,
그때, 무슨 말이 소용 있겠는가!
스스로 경험할 것이다.

Didrikshaya iva sarva-arthan
    yada vyapya-avatishthate
Tada kim bahuna-uktena
    svayam eva avabhotsyate

참나에 확고히 서면, 수행자는 모든 <대상적인
실재>를 - 프리트비[흙(地)]에서 쉬바[의식]까지 -
바르게 경험할 수 있다.

마치 저 파쉬얀티의 단계에서 <확정적이지 못한
인식(認識)의 방법>으로 보고픈 때에 - 무언가를
보고 싶지만 그것이 뚜렷하지 않을 때 - <보고픈
그 대상>이 내 속에서 동일한 형태로[어슴푸레하게]
보이는 것처럼,
    <그렇게> 수행자가 프리트비에서 쉬바[의식]까지
모든 대상에 편재할 때[야다 비아퍄-아바티슈타테]
- 그때 그것은 모든 것에 <사다쉬바의 상태처럼>

271

나-의식을 주입(注入)하는 것이다. - <모든 것이 나>라는 생각으로 시작하여, 마지막에는 <나 자신 안에 모든 것을 포함(包含)하는, (그래서 더 이상) "생각이 없는 **알아채는 일**">(만)이 있을 때,

그때 그는 **스스로** 그것을 **경험할 것이다.** 그것은 **신성**(神性)이라는 <최고의 경험자의 상태> 속으로 흡수되는 일이다. 그 경험자는, <모든 대상성과의 통합으로 개화(開花)하는> **의식**(意識)에 의해, 모든 대상적인 현상을 삼킨다.

야다 아바티슈타테는 <명상의 완전한 성취에서 빛나가지 않았을 때>를 말하고,

스와얌 에바 아와봇샤테는 <그는 그것을 **자신의 의식**(意識) 안에서 **경험할**[알] **것이다**>를 의미한다. 이런 일에 무슨 설명이 필요하겠는가!

모든 대상을 보고픈 수행자가
그것들에 편재(遍在)**할 때,**
그때, 무슨 말이 소용 있겠는가!
스스로 경험할 것이다.

수행자가 <**모든 대상**>을 나의 내면의 <**신성의 표현**>으로 볼 때, 그때 다양성의 망상은 사라지고, 그는 <통합적인[단일성의] **의식**>의 지복을 얻는다.

그는 내면(內面)과 외부(外部) 모두에서 **쉬바**를
본다.

1장에서 **<완전히 깨어 있는 이>는 그 지식을
세 가지 상태에서 끊임없이 갖**는다고 선언한 뒤,
저자는 <뒤에 설명한 방법을 수행하는 자>는 항상
스판다 탓트와 안에 흡수(吸收)된다고 말한다.

스판다 샥티는 수많은 대상으로 혼융(混融)되어
있기 때문에, 그것을 환기(喚起)시키고, 결론으로
그 안으로 들어가는 방법을 기술한다.

< 12 >
항상(恒常) 깨어 있어
지식으로 모든 현상을 관찰하며
<한 곳>에 모든 것을 맡겨야 한다.
그러면 다른 것으로 혼란하지 않다.

Prabuddhah sarvada tishthet
        jnanena alokya gocharam
Ekatra aropayet sarvam
        tatas anyena na pidyate

　자신의 <내면의 참나[신성]>와 동일시된 사람은
<모든 현상을 단지 쉬바의 형상>으로 인식한다.

　사르와다[<항상(恒常)>]는 <그런 수행자는 '깨어
있을 때', '꿈꿀 때', '잠잘 때'의 세 가지 상태에서
알아채는 일이 그 '처음'과 '중간'과 '끝'의 모두에
있어야 한다>는 의미다.

　여기 프라붓다[<깨어 있어>]라는 말은 <(스판다
탓트와에 굳게 서는 것으로 나타나게 된) "신성의
시각(視角)"을 갖고 모든 현상을 완전히 알아채야
한다>는 의미다.

[그것이 성경에서 "여호와 보시기에, 하나님의 보시기에 좋았더라."가 말하는 무엇이다.]

어떻게 그렇게 할 것인가?

지식(知識)으로 즉 '푸르다' '기쁨' 등 <외부적, 내면적 인식(認識)>으로, 그 **모든 현상을 관찰하며** 알아챈다. 수행자는 그런 것을 <창조자[샹카라]> 즉 <자신의 **본성(本性)**>에게 돌려야 한다. **"그러므로 말이든 대상이든 생각이든 <쉬바가 아닌 상태>는 없다."**는 믿음의 빛 안에서 말이다.

<한 곳>에 모든 것을 맡겨야 한다.

이 구절은
"내향적인 상태이든 외향적인 것이든, 수행자는 그것을 **스판다**와 동일한 것으로 여겨야 한다.
또 처음과 마지막 상태를 굳게 붙잡는 것으로, 중간의 상태 또한 <**의식**의 활기찬 응고(凝固)>로 여겨야 한다."는 의미다.

그러면 그는 **다른** 어떤 **것으로 혼란하지 않다.** 왜냐하면 <**모든 것**에서> 그는 바로 자신의 **참나**를 인정하기 때문이다.

이슈와라-프라탸비갸의 저자는 노래한다.

"오, 주(主)여!
어디에 두려움이 있겠습니까?

<온 세상이 나의 참나로 가득한
영원히 행복한 자>에게

<모든 현상(現象) 전체를
당신의 형상으로 보는 자>에게"

☯

항상(恒常) 깨어 있어
지식으로 모든 현상을 관찰하며
<한 곳>에 모든 것을 맡겨야 한다.
그러면 다른 것으로 혼란하지 않다.

두 가지를 기억해야 한다.

첫째, <부분적으로 깨어 있는 이>는 그의 본성인
스판다 탓트와와, '깨어 있고' '꿈꾸고' '잠잘 때'의
모든 상태에서 또 그 상태의 처음과 중간, 끝에서,
<하나>가 되어야 한다.

항상(恒常) 깨어 있어라.

둘째, 그는 **모든** 대상적인 **현상을** 단지 <**의식의**
(내적인 빛의) **현현(顯現)**>으로 보아야 한다. 그리고
그것과 동일성을 느껴야 한다.

그러면 이제 거기에는 그의 **자아**와는 다른 것이
아무것도 없기 때문에, 그는 어떤 말에도 **혼란하지
않다**.

이런 생각이 당연히 떠오른다.

"'그러면 다른 것으로 혼란하지 않다.'고?
이 <우주 전체>가 <**쉬바[의식]**의 형상(形像)>
즉 **쉬바** 자신이라고 한다면, <혼란을 주는 것>은
누구이며, <혼란을 당하는 것>은 누구인가?"

이런 생각을 제거하기 위해, 저자는 <묶는 것>과
<묶이는 자>의 성격을 확실히 한다.

< 13 >

그는 <말로부터 일어나는 힘>의
희생자(犧牲者)가 된다.
칼라로 그 영광(榮光)을 빼앗기게 되어
그렇게 그는 파슈로 알려진다.

Shabda-rashi samutthasya shakti-vargasya
    bhogyatam
Kala-vilupta-vibhavah gatah san
    sah pashuh smritah

13, 14, 15절은 <개아의 속박(束縛)>을 기술한다.

개아는 <의지, 지식, 행위의 진정한 영적인 힘을
빼앗기고>, <말[언어]로부터 파생된 힘>의 영역으로
들어가, 파슈 즉 <제한되고, 묶인 영혼의 상태>로
축소(縮小)된다.

<나 자신의 진정한 본성(本性)인 - 샹카라이며.
빛의 본성인 - 그 무엇>을 카시미르 전통에서는
스판다, 랄리타, 이슈와라 등이라고 말한다.
   스왓찬다 탄트라가 말하듯이, 그는 그의 샥티로
<다섯 행위>를 하는 데 절대적으로 자유롭다.

278

"<우주의 원인>인 **주(主)**는 그의 **샥티**로

　　① 현현(顯現)[스리슈티],

　　② 유지(維持)[스티티],

　　③ 철수(撤收)[삼하라],

　　④ 은폐(隱蔽)[티로다나, **빌라야**],

　　⑤ 은총(恩寵)[**아누그라하**]

　의 행위를 한다."

　주(主)의 <**절대 자유의 힘(力)**>은 영원하고, 또
<완전한 **나-의식**>의 형태인데, 많은 다른 이름이
있다.

　"파라[**지고(至高)**]", "마쵸다리[<배부른 물고기>,
즉 <**창조적 박동**으로 가득한>]", "마하샷타[<최고
(最高)의 존재>]", "스푸랏타[미광(微光), 깜빡임]",
"우르미[파도(波濤), <위대한 현현(顯現)>]", "사라
[<존재계의 정수(精髓)>]", "**흐리다야**[가슴, <창조적
중심(中心)>]", "바이라비[바이라바의 힘]", "데비
[여신(女神)]", "**쉬카**[불꽃]" 등등.

　<**지고(至高)**의 힘(力) **아(A)**>와 <**본유(本有)**의 힘
하(Ha)>로 구성되는, **주(主)**[아함(Aham)]의 완전한
<**나-의식(意識)**>은 <**아(A)**에서 **크샤[챠](**kṣa)까지>
모든 문자를 그 안에 가진다.

아함은 <파라 바크> 즉 <말 없는 말[침묵]>로, <영원하고 위대한 만트라>이고, 모든 것의 생명인 <지고의 소리>를 구성한다. 그것은 그 안에 모든 샥티를 갖고 있다.

샥티는 <6의 과정[샷-아드와]>으로 구성된다.

<6의 과정>은 <주체[바차카(말)]> 쪽의 세 가지와 <대상[바챠]> 쪽의 세 가지로 구성된다.

<주체[바차카, 샤브다, 말, "카알라-아드와"]>와 <대상[바챠, 아르타]>의 순서는 다음과 같다.

	주체	대상
1) 파라[즉 아베다] 수준	바르나	칼라
2) 파라-아파라[베다-아베다] (혹은 미묘한) 수준	만트라	탓트와
3) 아파라[즉 베다] 수준	파다	부와나

<마치 움직이는 것처럼> 우주라는 다양한 대상을 그 자신 안에 나타내는 **주**의 **나-의식**을 여기서는 "스판다"라고 한다.

어원적(語源的)으로 "스판다테 이티 스판다." 즉 "<(생명으로) 고동치는 그것>이 스판다다."이다.

그러므로 주(主)가 <놀이로> 그의 진정한 본성을 베일로 가리고 자신의 스크린 위에 다양한 형태로 나타나기를 원할 때, **그때 그의 <절대 자유의 힘 [곧 나-의식의 힘]>은** 인식[즉 지식]과 행위의 힘을 **떠맡는 의지(意志)[잇차]가 된다.**

그 **<절대 자유의 힘>은 씨앗**[모음(母音)]과 **자궁 (子宮)**[자음(子音)]의 두 가지 형태가 된다. 그것은 각각 **쉬바**와 **샥티**를 가리킨다. 그것은 산스크리트 문자[음소(音素)] **그룹**의 분류에 따라 8(9) 가지로, 문자[음소]의 구분에 따라 50 가지로 나타난다.

이들 문자를 이해하는 **아고라, 고라, 고라타리** 여신(女神)의 형태로 나타나면서, 그것은 **주(主)**의 **<다섯(5종) 행위>**를 일으킨다.

말리니 비자야 탄트라는 말한다.

"**<세상의 창조자의 그 샥티[곧 나-의식의 힘]>는** 그가 창조하기를 원할 때, **잇차 샥티[의지의 힘]**가 된다.

들어라.
어떻게 그녀가 <하나>인데 <여럿>이 되는가?

'이것은 (내가 의도한 대로) 이것과 같다. (다른 것이 아니다.)' - 이렇게 명확하게 정의(定義)하며, 그녀는 **갸나 샥티[지식의 힘]**가 된다.

'이것은 (내가 아는 대로) 이것처럼 되게 하자.'고 하면서 실행(實行) 쪽으로 나아갈 때, 그때 거기서 그 일을 하며 **크리야 샥티[행위의 힘]**가 된다.

그러므로 <두 가지 형태>지만, 그녀는 창조되는 대상의 조건에 따라서 수없이 많게 된다. 진실로, 이 여신(女神)은 <생각의 보석[친타마니]>과 같다.
그다음 그녀가 <어머니> 역할을 하면서 <두 길>, **<여덟(아홉) 갈래>**로 나누어지고, **<50 문자의 화환 (花環)을 건 자>**가 된다.

비자와 **요니**로 <두 길>이다. 모음(母音)은 **비자** (씨앗)이고, **<카>**와 다른 자음(子音)들은 **요니**(자궁) 이다. 문자의 분류에 따르면 그녀는 **<8(9) 종류>**가 되고, 다시 그 문자의 구분을 따르면 **<50 문자>**로 빛난다. 이런 맥락에서 **비자**는 **쉬바**, **요니**는 **샥티** 라고 한다.
<문자의 8 그룹>은 **아고라** 등으로 알려져 있다. 똑같은 **<문자의 8 그룹>**은, **샥티** 그룹의 관점에서, **마헤슈와리**와 다른 여신들을 갖는다.

오, <아름다운 얼굴을 가진 이>여!
위대한 주(主)는 <그녀>를 만들되
샥티만 아니라 쉰 가지 루드라로다."

<문자의 8 그룹>과 <통할(統轄)하는 "샥티"[여신
(女神)] 그룹>은 다음과 같다.

1) **A** 바르가(16 모음) : **요기슈와리, 마하략슈미**
2) **Ka** 바르가(5 자음) : **브라흐미**
3) **Ca** 바르가(5 자음) : **마헤슈와리**
4) **Ṭa** 바르가(5 자음) : **카우마리**
5) **Ta** 바르가(5 자음) : **바이슈나비** (* Ṭa와 다름)
6) **Pa** 바르가(5 자음) : **바라히**
7) **Ya** 바르가(4 반자음) : **아인드리, 인드라니**
8) **Śa** 바르가(5 자음) : **차문다** (* <Kṣa>를 포함)

<문자(를) **9 그룹**>(으로 분류할 때)의 통할하는
샥티[여신]는
1) **A** 바르가(16 모음) : **쉬바-샥티**
9) **Kṣa** 바르가(1 자음) : **요기슈와리**이고 나머지는
위와 같다. [* 반자음은 <반(半)-자음>을 말한다.]

쉰 가지 **루드라**는 모음[비자] 16개와 자음[요니]
34개로 다음과 같다.

1)암리타 2)암리타푸르나 3)암리타바 4)암리타
드라와 5)암리타우가 6)암리토르미 7)암리타샨다
나 8)암리탕가 9)암리타와푸 10)암리토드가라 11)
암리타샤 12)암리타타누 13)암리타세차나 14)암리
타무르티 15)암리테샤 16)사르밤라다라

1)자야 2)비자야 3)자얀타 4)아파라지타 5)수자
야 6)자야루드라 7)자야키르티 8)자야와하 9)자야
무르티 10)자욧사하 11)자야다 12)자야와르다나
13)발라 14)아티발라 15)발라바드라 16)발라프라
다 17)발라와하 18)발라완 19)발라다타 20)발레
슈와라 21)난다나 22)사르와토바드라 23)바드라무
르티 24)쉬바프라다 25)수마나 26)스프리하나 27)
두르가 28)바드라카아라 29)마노누가 30)카우쉬카
31)카알라 32)비슈베샤 33)수쉬바 34)코파

말리니 비자야 탄트라는 말한다.
[이것은 1장 20절 "**<깨어 있지 못한 사람들>의
본성에 항상(恒常) 덮개를 씌우는 이것들은**"에서
다루었다.]

"**<고라타리 샥티>**는 - **<아파라 샥티>**로 알려져
있다. - **<상승(上昇)된 루드라 영혼>**은 받아들이는
반면, <감각적인 대상의 즐거움에 몰두하는 **지바
영혼들>**은 아래로 밀어낸다.

<고라 샥티>는 - <파라·아파라 샥티>로 알려져 있다. - <혼합된 성격으로, 행위의 결과에 집착을 일으키는 힘>으로, <해방으로 가는 길을 막는 힘>이다.

<아고라 샥티>는 - <파라 샥티>로 알려져 있다. - 피조물에게 <쉬바의 상태>라는 은혜를 준다. 이 힘으로 우리는 **실재**를 안다."

브라흐미 여신 등에 **희생자(犧牲者)**가 되면서 - **그는 <말로부터 일어나는 힘>의 희생자가 된다.** - 그는, 비록 <쉬바의 본성(本性)>을 갖고 있지만, 전통의 문서에서는 <**묶인 자(者)**[즉 짐승, **파슈**]>로 여겨진다.

☯

여기서 이런 의문(疑問)이 떠오른다.

"어떻게 <위대한 주>인 그 경험자가 이런 상태로 축소되는가?"

(1) <"**칼라로 그 영광(榮光)을 빼앗기게 되어** [칼라-빌룹타-비바와]"의 첫 번째 해석>

285

바수굽타는 말한다.

"칼라로 그 영광(榮光)을 빼앗기게 되어서"라고.

어원적으로, 칼라는 <밖으로 던지다>로, <밖으로
던지는 자>, <한계를 명확하게 하기 위해 둘러싸는
자> 즉 <마야의 힘>을 말한다.
　그러므로 주(主)에게는 그 영광이 [(그 자신의)
<마야의 덮개>로 가려진 상태에서도] 계속된다.
　이것이 "칼라로 그 영광(榮光)을 빼앗기게 되어
[칼라-빌룹타-비바와]"의 의미다.

(2) <"칼라로 그 영광(榮光)을 빼앗기게 되어
　　[칼라-빌룹타-비바와]"의 두 번째 해석>

　칼라는 <제한된 행위의 힘>을 말한다. 이 힘은
또한 비디아, 라가, 카알라, 니야티도 포함한다.
　그래서 <칼라-빌룹타-비바와>라는 구절은 궁극적
으로 "<완전(完全)과 전능(全能) 등의 특성을 가진
자>는 칼라, 비디아, 라가, 카알라, 니야티의 다섯
가지 덮개로 가리어져 있다."는 의미다.

　잘 아는 대로, <마야의 덮개[칸추카]>는 다음과
같이 우리를 축소(縮小)시킨다.

1) 칼라 : **쉬바**의 전능성(全能性)을
개아에서는 <제한된 능력>으로
2) 비디아 : **쉬바**의 전지성(全知性)을
개아에서는 <제한된 지식>으로
3) 라가 : **쉬바**의 충족성(充足性)을
개아에서는 <집착(執着)>으로
4) 카알라 : **쉬바**의 영원성(永遠性)을
개아에서는 <시간(時間)>으로
5) 니야티 : 편재성(遍在性)과 자유성(自由性)을
<공간(空間)>과 <원인[운명]>으로

이것이 위의 질문 "어떻게 그가 <이런 상태로>
축소(縮小)되는가?"에 대한 답이다.

(3) <**"칼라로 그 영광(榮光)을 빼앗기게 되어**
[칼라-빌롭타-비바와]"의 세 번째 해석>

<**말로부터 일어나는 힘**>에 착취당하기 때문에,
그는 잠시도 그의 진정한 본성 안에 쉬지 못한다.
그래서 <묶인 영혼>이라고 한다.
그는 문자 **그룹**을 통합하는 **브라흐미** 등의 여신
들에 의해, 아니면 **말리니 비자야 탄트라**에서 말한
대로 **아**[A] 등의 개별 문자를 통합하는 여신들에
의해, **그 영광을 빼앗긴다.**

그는 <거칠고 또 미묘한 말>로 괴롭힘을 당한다. **말은 내면에서 모든 종류의 <명확하고 또 불명확한 생각>을 쏟아낸다. 그래서 그는 느낀다.**

"나는 제한되어 있다." "나는 불완전하다." "나는 무엇을 하려고 한다." "이것은 내가 가질 것이고, 저것은 내가 버릴 것이다." 등등. 그런 식으로 그는 기쁨과 슬픔으로 이끌린다.

그렇게 그는 <이 **샥티 그룹**에 착취당하여> **파슈** 혹은 <묶인 영혼>이 된다.

(4) <"**칼라로 그 영광**(榮光)**을 빼앗기게 되어** [칼라-빌룹타-비바와]"의 네 번째 해석>

칼라는 <부분(部分)>이라는 뜻도 있다. **<부분에 의해> 그 영광을 빼앗기게 되어**, 즉 <그의 진정한 본성에 대한 타고난 무지로> 그는, 말하자면, 제한(制限)되게 된다.

사실, <**쉬바**의 형태 안에서 그의 진정한 본성>은 어디로도 가지 않았다. 진정한 본성이 부재한다면, 그의 현현 자체가 가능하지 않을 것이다.

칼라로 – 그런 방식으로 좁혀진 말과 생각으로 – 그 영광을 빼앗기게 되어, 그는 그의 <진정한 **본성**(本性)>을 생각할 수 없다. 이것이 요점이다.

이제 저자는, 묶인 영혼이 어떻게 <제한된 지식>으로 묶이고 잡히는지, 자세히 보여준다.

< 14 >
묶인 자에게 생각이 일어나는 것은
곧 불멸의 지복이 사라지는 일이다.
생각으로 그는 절대 자유를 잃는데,
생각의 영역은 감각의 대상에 있다.

Para-amrita rasa apayah
    tasya yah pratyaya-udbhavah
Tena a-svatantratam eti
    sah cha tanmatra-gocharah

<묶인 영혼> 안에서, 이 세상에 속한 **생각**이든 경전에 속한 **생각**이든 그 <**생각**들>과 또 그것들과 관련 있는 다양한 <대상의 **지식**>이 **일어나는** 일은 (우리 인간을) 파멸(破滅)로 이끈다.

그것은 <**불멸(不滅)의 지복**> 즉 <**의식(意識)의 지복**>이 사라지는 일이다.

<지고한 **의식**의 상태>가 현존하더라도, 다양한 <대상의 감각과 의미>를 나르는 **생각[의 구름]**이 **일어나게** 되면, 이제 <**의식[이라는 하늘 공간]**>은 그 **생각[의 구름]**에 가려 뚜렷하지 않으므로, **없는 것처럼** 보인다. 그래서 <**불멸의 지복이 사라지는 일**>이라고 했다.

우리는 하늘을 보면서도, <구름>과 <별>을 보지, <하늘> 그 <텅 빈 것[공간(空間)]>을 보지 않는다. 그래서 비갸나 바이라바는 우리를 아주 타이른다. **구름 너머를 보라**고.

<**생각**>이 **일어나는 것으로** 그는 독립성(獨立性) 즉 **절대 자유**를 잃고, 그들의 손아귀 아래로 온다.

쉬바 수트라는 **"지식은 속박이다."**고 하고, 현자(賢者) 비야사는 "어린 시절, 그는 부모에게 의존한다."고 말한다. [여기서 부모(父母)는 물론 <말>과 <지식>, <생각>을 의미할 것이다.]

요기니 마다라사도 말한다.

"<물질적인 것[**대상**]>과 너무 관련되지 말거라.
 때로는 '오, 아버지!' '오, 딸아!' '오, 어머니!'
 때로는 '내 것!' '내 것이 아냐!'고 재잘대면서"

<**생각이 일어나는 것**>을 <**탄마트라-고차라**>라고 말한다. 이들 <**생각의 영역**>이 탄마트라이기 때문 이다. 잘 아는 대로, **탄마트라**는 <감각이 인식하는 일차적 요소>로, 모든 대상의 강렬하고 일반적인 특징을 말한다. 그러므로 구절은 <**생각의 영역**으로 다양한 **대상**을 갖는다>는 의미다.

이 경문으로 바수굽타는 말한다.

"<다양한 **대상**>이 나타나는 한, 그렇게 깨아는 확실히 묶인다.
그러나 앞에서 가르친 대로, '모든 것은 **참나와 동일하다**'는 <(빗나가지 않은) **지식**["**바른 방향의 생각**"]>을 확고히 가질 때, 그때 - 2장 5절 등에서 말한 것처럼 <이런 **깨달음**>을 **가진 자는** - **그는 살아 있는 동안 해방**된다."

그러므로 앞서 말한 것 간에는 부조화(不調和)가 없다.
즉 "**그러므로 말이든 <대상>이든 <생각>이든 <쉬바가 아닌 상태>는 없다.**"와
"**<묶인 자>에게 <생각>이 일어나는 것은 곧 불멸**(不滅)**의 지복이 사라지는 일이다.**"

☯

묶인 자에게 생각이 일어나는 것은
곧 불멸의 지복이 사라지는 일이다.
생각으로 그는 절대 자유를 잃는데,
생각의 영역은 감각의 대상에 있다.

경험적 개아는 <감각 운동의 경험들의 산물>인 <말>과 <생각>에 종속되기 때문에, 그는 **묶인 자**가 되고, **<창조적인 생각>의 힘(力)을 잃는다**. 그리고 **불멸[의식]의 지복**의 영역에서 추방된다.

왜냐하면 그것은 (<생각의 구조물>의 영역 안에 있는 것이 아닌) 다른 차원의 **실재(實在)**이기 때문이다. 그는 그렇게 <묶인 영혼>이 된다.

"만약 <묶인 영혼>에서 **<생각이 일어나는 것>**이 **<불멸의 지복이 사라지는 일>**을 의미한다면,

그러면 어떻게 **<그가 (말로부터 일어나는) 힘**의 그룹에 **희생자**가 되었다>고 말하는가?"

< 15 >
브라흐미와 다른 힘들은
항상 본성을 감추려고 한다.
말의 연상(聯想)이 없다면
생각은 일어날 수 없다.

Svarupa avarane cha asya
    shakta-yah satata utthitah
Yatas shabda-anuvedhena na
    vina pratyaya-udbhavah

   개아(個我)는 <생각> 때문에 묶여지고, 생각은
<말의 힘> 때문이다. 그러므로 <말>은 개아에게는
엄청난 영향을 끼친다.

   앞서 말한 <그 힘들>은 **항상** 이 <묶인 영혼>의
진정한 **본성**(本性)을 가릴 준비가 되어 있다.
   <그 **힘들**>은, 그것이 우리 삶에서 상당 부분을
기여(寄與)하고 있다고 하더라도, 그 **본성**을 적절히
<분별(分別)하지> 못하게 하고 있다.
   그가 자신의 <**진정한 본성**>을 - 그것은 <**불멸의
지복**[천국(天國)]>과 똑같은 것이다. - 재인식하지
못하는 한, 깨닫지 못하는 한, <그 **힘들**>은 **본성**을

가리는 데 활동적이다.

그의 본성을 가리는 **<말>을 통할하는 것**은 <그 **힘 들[샥티]**>이다. 왜냐하면 그의 안에서 일어나는 **<생각>**은 - <"나는 이것을 안다."라는 생각>처럼 - 만약 "**<말>의 연상(聯想)이 없다면**" 가능하지 않기 때문이다. 그리고 <생각>은, 명확하든 불명확하든, <지식(知識)의 확산>으로 이끈다.

이것은 비갸나 바이라바의 방편 "**빛나는 이여! 문자를 넘어 소리로, 느낌으로 가라.**"에서 다룬 것이다.

이 **<생각>**은 <내면의 미묘(微妙)한 말[파쉬얀티 바크]>의 기미를 띨 수도 있고, 아니면 <거친 언설[바이카리 바크]>로 표현될 수도 있다.

잘 아는 대로, 새나 동물도 **<'소리' 안에 포함된, '생각'의 방법>**을 갖고 있다. 그것은 <비-보통적인 지시(指示) 신호>다. 예를 들어, <머리를 꺼덕이는 것>은 <내적인 승인(承認)>의 지시어(指示語)일 수 있다. 그렇지 않으면 어린이는, <일의 찬부(贊否)를 생각하는 힘이 없어> 그 상투적인 첫 신호를 잡을 수 없을 것이다.

<'거친 말'과 관련된 생각들>은 사실, 모두에게 **<자아 경험>의** 일이다.

브라흐미와 다른 힘들은
항상 본성을 감추려고 한다.
말의 연상(聯想)이 없다면
생각은 일어날 수 없다.

13, 14, 15절은, 어떻게 <경험적 개아>가 묶이게 되고, 그의 핵심적 본질을 잊는가를 기술한다.

이제 개아는 <**생각의 도구**>가 된다. 그의 생각은 <감각 대상>과 그것에서 유래된 기쁨 쪽으로 향해 있다. <**생각**>은 거의가 **말**의 통치(統治)를 받는다. **말**은 - 우리의 의사소통의 첫째 수단이다. - 그의 인생[삶]에서 엄청난 힘을 갖는다.

<생각(의 구조물)[비칼파]>과 <언어화(言語化)>는 그의 생활[삶]을 지배하는 힘이 되어 버리고, 그는 **참 자아**에는 완전히 부주의하게 된다. 그것은 결코 대상으로서는 알려질 수 없기 때문이다.

<**생각**>과 <**말**>은 그를 이리저리로 내던지고, 삶에서 그가 내향적(內向的)이 되는 것을 - 그래서 바로 우리 자신인, <정처(定處) 없는 **보트피플**[boat people, 해상난민(海上難民)]>의 그 <내적인 정박항(碇泊港)>을 알아채는 것을 - 허용하지 않는다.

<생각>과 <말>은 전부 <조건화(條件化)의 산물>
이다. 그러나 핵심적 자아는 조건화되어 있지 않다.
경험적 개아의 삶은 그 조건화의 감옥(監獄) 안에
한정된다.

　그리고 **<조건화되어 있지 않은 것>은 <조건화된
것>으로는 알려질 수 없다.**

　그가 <자유롭게 되어, **참나**를 즉시로 또 직접적
으로 알아채는 것>은, 개아가 그 자신을 **<생각>과
<말>의 차꼬**로부터 해방시킬 때뿐이다.

　앞 세절의 결론을 말하고, 저자는 다음 절에서
<재인식(再認識)>과 동일한 것인 <해방(解放)>을,
<재인식하지 못하는 것>과 동일한 <속박(束縛)>을
말한다.

< 16 >
파슈 안에 있는 쉬바의 이 힘이
속박(束縛)의 근원이다.
이 힘이 실재의 접근법인 것을 알 때,
해방(解放)의 성취를 낳는다.

Sa iyam kriya-atmika shaktih
    shivasya pashu vartini
Bandhayitri sva-marga-stha jnata
    siddhi upapadika

스판다 샥티는 속박과 해방 둘 다에 유력하다.
사실, <생각하는 일>과 <언어화(言語化)>의 힘은
크리야 샥티에서 유래된다. <크리야 샥티는 단지
파라 샥티[스판다]의 한 면이다>는 것을 깨달을
때, 그는 해방된다.

이얌은 <이것>으로, <본성의[즉 쉬바와 동일한
의식의] 실행의 힘[샥티]>을 말한다.
그녀를 <이것[이 힘]>으로 칭한다. 그녀가 자신을
<대상(對象)의 형태>로 현현하기 때문이다. 그녀는
스판다 샥티이고, <실행의 힘[크리야 샥티]>이다.
그녀는 우주의 다양한 상태를 낳는다.

그녀는 <묶인 영혼>의 역할을 떠맡은 **쉬바** 안에 존재한다. 그녀는 **프라나**와 **푸랴슈타카**와 동일시된 <묶인 영혼>을 흩뿌린다. 그[묶인 자]를 <행위자>로 만드는 **나-의식**의 물방울과 더불어 말이다.

이런 상태로 축소(縮小)되어 그는, 그녀의 덮개로 가려진 그의 본성을 재인식하지 못하고, <붙잡고 또 포기하는 불행>에 포함된다. 그러므로 그녀는 **속박(束縛)의 근원**이 된다.

생사(生死)의 윤회에서 <새로운 몸>을 붙잡고, 또 <낡은 장막(帳幕)[옷, 몸]>을 포기하는 것 말이다.

그러나 수행자가 **이** <실행하는 **힘**>을 <지고의 힘 [**파라 샥티**]>으로, 그의 **본성**[즉 **실재**]에 <**접근하는 방법**>이라고 재인식할 때, 그때 **비갸나 바이라바**의 경문처럼, 그녀는 (최고의) **해방의 성취를 낳는다.**

"<**샥티의 상태**> 안으로 들어가는 **자**는 - 샥티와 동일시된 자 - (**샥티와 쉬바 사이에**) **아무 구별도 없음**을 느끼게 된다.

그때 그는 <**쉬바의 상태**>를 얻는다. 아가마 즉 경전은 샥티가 곧 <**쉬바 안으로 들어가는 문(門)**> 이라고 말한다."

[영(靈)이 안팎에 있다고 상상하라의 설명 참조]

<쉬바와 샥티 사이에 아무 구별이 없다>는 것은
요가[수행]의 용어에서 <두 극단 사이의 교차점>을
말한다.

아나보파야에서, 그 지점은 프라나와 아파나가
만나는 흐리다야[가슴, 중심]다. 이 중심은 횡격막
약간 위의 우묵한 곳에 있다. 그 지점에서 샥티는
<쉬바 안으로 들어가는 문>이 된다.

샥토파야에서는 그 지점이 <프라마나[지식]>와
<프라메야[대상]> 사이의 중간(중심)이고,

샴바보파야에서는 그곳이 갸나와 크리야 사이의
중간(중심)으로, 쉬바와 샥티 사이에 아무 구별이
없다.

아니면 그가 - 명확하거나 불명확한 생각의 분산
에도 불구하고 - <대상 전체>를 <자신의 참나의
면>으로 여길 때[이것은 샴바보파야다.], 그때 또한
그녀는 똑같은 최고의 성취를 낳는다.

☯

파슈 안에 있는 쉬바의 이 힘이
속박(束縛)의 근원이다.
이 힘이 실재의 접근법인 것을 알 때,
해방(解放)의 성취를 낳는다.

개념(概念)[생각]과 언어화의 힘은 **쉬바**의 **크리야 샥티**의 한 면이다. 개아가 **크리야 샥티**를 자신의 정신-신체 유기체의 힘으로 여길 때, 그는 그것의 제한으로 묶이고 고통을 당한다.

그러나 이 **크리야 샥티**를 단지 **파라 샥티**의 한 면(面), **프라나**와 **아파나**가 만나는 곳, **프라마나와 프라메야**가 만나는 중간, **갸나**와 **크리야**가 만나는 지점, <**인간과 신성이 만나는 지점**>으로 여길 때, 그때 **그는 해방된다.**

어떻게 개아가 묶이고 해방되는지를 설명한 후, 저자는 그것의 근절(根絶)을 위해, <속박의 성격>을 기술한다.

< 17 > < 18 >

탄마트라와 마나스, 아함카라, 붓디로 되는
푸랴슈타카 즉 <미묘한 몸>에 포위되어
그는 종속(從屬)되고
또 그로부터 생기는 기쁨과 고통을 겪는다.

푸랴슈타카의 존속(存續) 때문에
그는 윤회하는 존재계로 이끌린다.
그러므로 어떻게 이 윤회하는 존재계를
근절(根絶)하는지 일러주고 있노라.

Tanmatra udaya-rupena
     manas-aham-buddhi vartia
Puryashtakena samruddhah
     tad uttham pratyaya-udbhavam

Bhunkte paravashah bhogam
     tad bhavat samsaret atas
Samsriti pralayasya-asya
     karanam samprachakshmahe

　우리의 <동기(動機)가 있는> 모든 욕망과 생각은
<미묘한 몸> 즉 푸랴슈타카에 흔적(痕迹)의 형태로

- 카르마로 - 남는다.

<미묘한 몸> 즉 **마음**은 다섯 **탄마트라**와 **붓디**, 아함카라, 마나스로 구성된다. **윤회하는 존재계**는 단지 **푸랴슈타카**의 불순(不純)을 **근절(根絶)하는 것**으로 중지될 수 있다.

그는 단지 **푸랴슈타카**로부터 일어나는 그 경험을 겪는다.

<생각(과 느낌)을 통해서> '기쁨' 등의 그 경험이 일어나기 때문에, 그러므로 그 **<생각의 출현으로>** 묶인 영혼은 **종속(從屬)**하게 된다.

즉 **<말의 연상(聯想)을 통해서>**, 그는 모든 단계에서 **브라흐미** 등의 여신들로 여기저기로 끌린다. 그는 **<완전히 깨어 있는 이>**처럼 독립적이지 않다.

그의 **푸랴슈타카**[**<미묘한 몸>**]가 **존속(存續)**되기 때문에, 그 안에 잠재(潛在)해 있던 <갈망과 욕망의 남은 흔적(痕迹)>은 다시 또 다시 깨어나게 된다. 그리하여 그는 삶의 한 형태에서 다른 형태로 옮겨 가게 되고, 욕망의 삶의 경험을 채울 알맞은 몸을 얻는다.

그래서 그는 몸을 차례로 떠맡고 또 포기한다. 즉 새로 태어나면서 몸을 떠맡고, 죽으면서 몸을 포기한다.

그것이 그러하므로, **그러므로 어떻게 그런 것을**
근절(根絶)**하는지 일러주고 있다.**

즉 <그 안에 고유(固有)한 불순(不純)의 완전한
근절(根絶)**을 통해서>** 푸랴슈타카에 포위(包圍)된
이 개아의 윤회하는 경향을 근절하는 쉬운 방법을
말이다.

바수굽타는 이 책에서 방편을 기술한다. 여기서
"**근절하는지 일러주고 있노라.**"로 <현재 시제>를
사용한 것은, 현재 시제는 <가까운 과거나 미래>를
가리킨다는 파니니의 문법(文法)처럼, 과거와 미래
둘 다를 의미한다.

☯

탄마트라와 마나스, 아함카라, 붓디로 되는
푸랴슈타카 즉 <미묘한 몸>에 포위되어
그는 종속(從屬)되고
또 그로부터 생기는 기쁨과 고통을 겪는다.

푸랴슈타카의 존속(存續) 때문에
그는 윤회하는 존재계로 이끌린다.
그러므로 어떻게 이 윤회하는 존재계를
근절(根絶)하는지 일러주고 있노라.

이 두 절은, <묶인 영혼의 **윤회(輪廻) 하는 삶**>에 **이론적 근거를 주는 한**, 아주 중요하다.

앞의 절에서 <**마야 샥티**의 장난 때문에, 영혼은 본유(本有)의 **갸나**와 **크리야 샥티**를 잃고, 제한된 지식과 제한된 행위의 힘만을 가진다>고 했다.

그는 <**말[생각]의 군집(群集)**>으로 일어나는 덮개 씌운 힘들의 먹잇감이 된다. 그는 (이번) 생(生)에서 <감각대상의 경험과 교육을 통해> **생각**을 얻는다. 그러나 **생각은 말[언어]이 없이는 가능하지 않다.** 그러므로 **말은 우리의 삶에서 엄청난 영향을 주고 있고, 우리를 완전히 장악(掌握)하고 있다.**

17, 18절은 <개아(個我)의 운명(運命)>이 앞으로 어떻게 전개될 것인지를 말하고 있다. 여기에서는 **푸랴슈타카**가 가장 중요한 역할을 한다.

인간은 아주 복잡한 존재다. 그는 육체(肉體)라는 <거친 몸>을 가지고 있을 뿐 아니라, **푸랴슈타카**로 알려진 <**미묘(微妙)한 몸**>을 가지고 있다.

그것은 지(地), 수(水), 화(火), 풍(風), **아카샤**의 다섯 가지 **탄마트라**와 **붓디, 아함카라, 마나스**로 구성된다. 우리의 욕망과 생각의 인상(印象)은 이 **푸랴슈타카**에 퇴적된다. 사람이 죽을 때 용해되는 것은 단지 육체일 뿐이다.

푸랴슈타카는 그가 죽은 후, **영혼(靈魂)의 미묘한 <탈 것>으로 남는다.** 그것은 전생(前生)의 욕망과 생각 등 남은 흔적을 함유하고 있다.

푸랴슈타카에 퇴적된 욕망과 생각은 <생기 없는 요소>가 아니라, **<나타나고, 표현되기를 두루 찾는 [저 무의식(無意識)의] 무서운 정신적인 힘>이다.**

그러므로 그는 다음 생에서 그 축적된 욕망 등을 표현하기에 알맞은 몸을 찾는다. 그리고 그런 것을 나타내기에 알맞은 환경에서 태어난다.

푸랴슈타카는 이중(二重)의 역할을 한다.

이번 생(生)에서 <우리의 **생각**>은 우리의 흥미와 욕망에 따라 형성된다. **푸랴슈타카** 즉 **마음**[혹은 **무의식**]은 우리의 흥미와 욕망의 저장 창고다.

<우리의 **생각**>은 대부분 이번 생에서 결정되고, 그리고 우리의 다음 생(生)은 우리의 **푸랴슈타카**로 결정된다. 그것이 **크세마라자**가 "**푸랴슈타카** 즉 <**미묘한 몸[마음]**>의 불순(不純)을 **근절하는** 것으로 **윤회하는 존재계**는 멈출 수 있다."고 하는 이유다.

이제 위의 경문을 실증(實證)하면서, 1장 1절에서 말한 것을 요약한다.

< 19 >

그러나 <신성의 의식>에 뿌리를 내릴 때
푸랴슈타카를 자신의 통제 아래로 가져와
그는 진정한 향유자(享有者)가 되고
그때부터 <샥티 전체>의 주(主)가 된다.

Yada tu ekatra samrudhah
    tada tasya laya-udayau
Niyacchan bhoktritam eti
    tatas chakra-ishvarah bhavet

개아가 스판다 샥티에 견고히 **뿌리를 내릴 때**,
그는 <푸랴슈타카의 출현과 용해>를 **자신의 통제
아래로 가져와**, 1장 1절에서 말한 <신성(神性)의
여러 에너지> 즉 <샥티 전체>의 주(主)가 된다.

그러나 그가 <지고의 **탓트와** 속으로 들어가는
방편을 꾸준히 수행하여>, 스판다 샥티[**나-의식**]에
확립(確立)하게 될 때 - 즉 그가 그것과 동일하게
될 때 - **그때** 그는 푸랴슈타카의 출현과 용해를
자신의 통제 아래로 가져올 수 있다.
    그때 우주의 현현과 용해 또한 <내향적 명상>과
<외향적 명상>으로……

1장 1절이 말하듯이 - **눈을 뜨고 감는 것으로 세계가 사라지고 나타나며** - **그는** 우주의 현현과 용해를 일으키는 **샹카라**가 되고, 자신의 <핵심적 본성의 수단>으로, **진정(眞正)한 향유자(享有者)**가 된다.

그리고 재인식(再認識)의 과정으로, **프리트비**에서 **쉬바**까지 모든 대상적인 범주를 자신에게 받아들임으로 **<이미 그것이었던> <지고(至高)의 경험자>의 상태로 상승한다.**

그때부터 그는 <샥티 전체>의 주(主)가 된다. 즉 그의 **참나**의 광선(光線) 전체의 **주**가 된다. 다른 말로, 그는 바로 이 몸에서 최고의 **주권**을 얻는다.

그래서 **바수굽타**는, <위대한 **실재**>의 똑같음을 책의 처음과 끝에서 보여주며, 이 책을 "**카시미르 쉐이비즘**" <비밀 교의(教義)> 전체의 정수(精髓)와 면류관(冕旒冠)으로 만든다.

☯

그러나 <신성의 의식>에 뿌리를 내릴 때 푸랴슈타카를 자신의 통제 아래로 가져와 그는 진정한 향유자(享有者)가 되고 그때부터 <샥티 전체>의 주(主)가 된다.

이 경문은 <어떤 여행의 끝>을 기술한다.

신성(神性)의 불꽃은 하강하여 물질(物質)이 되고,
신성의 근원을 잊어버린다. 그것은 유랑자(流浪者)
처럼 멀고 먼 땅을 이런저런 모습으로 방랑한다.

**인간의 단계에서, 그것은 언어와 정신작용이라는
선물을 얻는다.** 그것은 이제 이 <진화의 행진>에서
명확한 역(驛)에 이르렀다.

인간 존재는 - 이제는 잘 알려진 대로 - "야생의
귀리를 뿌리고[즉 젊은 혈기로 난봉을 부리고], 그
결과를 수확해야만 하는," <쓰디 쓴 체험(體驗)과
경험(經驗)의 이 학교>에서 "**삶[인생 (人生)]**"이라는
엄격(嚴格)한 법칙을 배운다.

그는 <향수(鄕愁)에 젖는 시간>을 거치면서, 이제
<고향(故鄕)으로 가는 여행>을 시작한다. <귀향의
여정>은 시작된다. 그는 멀리 가지 않을 것이다.

그는 **<거짓의 나>라는 가면(假面)을 벗어던지고,**
자신의 <진정(眞正)한, 본질(本質)의 자아> 속으로
들어간다.

그것은 **스판다 샥티**이고, <**쉬바[의식 (意識)]**의
고동>이다. 그는 이제 <그가 항상 (그것)이었던 그
무엇>이 된다. 우주는 더 이상 낯선 땅이 아니다.

<나라는 것>과 <이것이라는 것>, 주체와 대상은
하나가 된다. 그것은 - 인간의 언어로는 표현할 수
없는 - <말이 없는 "경험(經驗)">이다.

모두에게 은덕(恩德)이 있기를!

나가며

우리 대부분에게는 생소(生疏)할지도 모르지만, 산스크리트 알파벳 "쉰"을 그 <영자(英字) 표기>와 함께 (급히) 싣는다.

산스크리트 음소(音素)는 <모음(母音) 열여섯>과 <자음(子音) 서른넷>으로 구성된다.

먼저, <모음(母音) 열여섯>이다.

अ [a], आ [ā], इ [i], ई [ī], उ [u], ऊ [ū],
ऋ [ṛ], ॠ [ṝ], ऌ [ḷ], ॡ [ḹ],
ए [e], ऐ [ai], ओ [o], औ [au], अं [aṃ], अः [aḥ]

이제, <자음(子音) 서른넷>이다.

क [ka]	ख [kha]	ग [ga]	घ [gha]	ङ [ṅa]
च [ca]	छ [cha]	ज [ja]	झ [jha]	ञ [ňa]
ट [ṭa]	ठ [ṭha]	ड [ḍa]	ढ [ḍha]	ण [ṇa]
त [ta]	थ [tha]	द [da]	ध [dha]	न [na]
प [pa]	फ [pha]	ब [ba]	भ [bha]	म [ma]

य [ya], र [ra], ल [la], व [va]

श [śa], ष [ṣa], स [sa], ह [ha], kṣa

["kṣa"는 <क + स (ka + sa)>로 크샤 혹은 챠로 발음한다고 하며, 필자의 <컴퓨터 산스크리트 문자 활용 수준>에서는 표기가 불가능하다.]

<우리 흔글>은

"ㄱ ㄴ ㄷ ㄹ ㅁ ㅂ ㅅ ㅇ ㅈ ㅊ ㅋ ㅌ ㅍ ㅎ"
"ㅏ ㅑ ㅓ ㅕ ㅗ ㅛ ㅜ ㅠ ㅡ ㅣ"

자음(子音) 열넷, 모음(母音) 열이 기본으로 있고, 복자음(複子音)과 복모음(複母音)도 있다.

산스크리트든 흔글이든 이런 음소(音素)들에서, 지금 우리가 하는 모든 <말(소리)>과 모든 <생각[즉 사상, 철학 등]>이 나온다.

그리고 우리는 지금까지 이 <말로부터 일어나는 힘>의 희생자(犧牲者)가 되었지만,
이제, 이 힘이 <실재의 접근법>인 것을 알 때, 해방(解放)의 성취를 낳는다는 사실도 안다.

이제 [후대(後代)의 첨가(添加)인] 마지막 두 절을 여기서 다룬다.

책의 끝[후기(後記)]에서, 저자[후대의 첨가자]는 이중(二重)의 의미를 이용하여,
<스판다의 상태의 힘>과
그의 <스승의 말씀의 힘>을 찬미한다.
실제로, 그 둘은 동일(同一)하기 때문이다.

< 1 >
의심의 깊은 바다를 건네주는 배와 같나니
스승의 말씀에 경의를 표하노라.
그의 말씀은
놀라운 의미로 가득하도다.

의심의 깊은 바다를 건네주는 배와 같나니
스판다에 경건한 기도 올리노라.
<말 없는 말>은
놀라운 환희로 가득하도다.

Agadha samshaya-ambhodhi
        samuttarana tarinim
Vande vichitra artha padam
        chitram tam guru-bharatim

이중(二重)의 의미로써, <스판다의 **상태의 힘**>과 <**스승의 말씀의 힘**>을 찬미한다.

탐은 <그것>으로, **비갸나 바이라바**의 "**샥티**는 <**쉬바** 안으로 들어가는 문(門)>이다."는 말처럼, 즉 <비범한 여신은, 그녀가 **쉬바의 상태로 들어가는 방법**일 경우는, **스승**으로 행동한다>는 의미다.

314

더구나 **구룸**은 <마하팀[지고의]>의 뜻이 있다. 그러므로 <마하팀 바라팀>은 **<말 없는 말>**, 즉 **파라 바크**, <소리의 최고의 힘>을 말한다. 그녀는 자신 안에 **파쉬얀티** 등을 감싸는 한 "**지고(至高)**"라고 부른다.

구루-바라팀은 또 <**스승**의 충고(忠告)**의 말씀**>도 의미한다.

치트람은 스승의 경우에는 <놀라운>을 의미하고, **파라 바크**의 경우에는 <초월적 **지복(至福)[환희]**의 형태로>를 의미한다.

반데는 스승의 경우에는 **<경의를 표한다>**이고, **파라 바크**인 경우에는 <그것이 최고이기 때문에, "**나는 그 안으로 들어간다**">의 의미이다.

나는 공손히 그녀에게 인사한다. 모든 상태 즉 **파쉬얀티**, **마드야마**, **바리카리 바크**에서, 그녀는 <빛나는 현존(現存)으로서>, 핵심적 **실재**의 힌트를 주기 때문이다.

그리고 나는 <항상 핵심적 본성을 알아채는 일에 몰입하는 "**그녀**> **속으로 들어가기 위해**"(그녀가) 즐거이 나를 향하게끔 한다.

그 **바라티[말씀]**는 어떤 것인가? 누가 이 끝없는 **<의심의 깊은 바다>를 건네주는 배**와 같은가?

＜의심의 바다＞는 ＜지고의 나에 대한 확실성의
부재(不在)＞를 말한다. 왜냐하면 "지고의 나"는 그
광활(廣闊)함이 바다와 같기 때문이다. 그녀는 배와
같다. ＜올바른 방법＞으로 이 의심의 깊은 바다를
건네주기 때문이다. 이것은 두 경우 모두 적용된다.

비치트라-아르타-파담은 스승의 말씀인 경우에는
＜놀라운 말들과 의미들로 잘 배열되어 있다＞를,
파라 바크의 경우에는 ＜"(사마디의 형태로) 쉬고
있는 자"는 환희(歡喜)의 경이(驚異)를 드러낸다＞를
의미한다.

바수굽타의 이름을 언급하는 것으로, 그를 향한
경의(敬意)를 표하고, 이 지식의 구도자들을 격려
하고, 이 샤스트라가 비밀스럽게 잘 지켜질 때의
큰 보상(報償)을 기술한다.

< 2 >
얻기 어려운 이 지식의 보물을 얻은 것과
<가슴의 동굴>에 잘 보존된 것이
바수굽타의 은덕(恩德)이듯이
얻는 것과 잘 보존되는 것, 모두의 은덕이리라.

Labdhva api alabhyam etad jnana-dhanam
    hrit-guha-anta krita nihiteh
Vasugupta-vat shivaya hi
    bhavati sada sarva-lokasya

경전에 기록된 이 지식은, 그것이 <인간 존재의
최고의 목표>를 성취하는 방법인 한, 보물이다.
얻기가 어렵더라도, 그것을 바수굽타는 꿈에서
<주 샹카라의 가르침의 정수(精髓)로서> [마하데바
산의] 한 바위["쉬바 바우"]에서 얻었다.

흐리트-구하-안타 크리타 니히테의 뜻은 다음과
같다.
안타는 <안>을, 크리타는 <잘>, 니히테는 <보존
하다>를 말하며,
흐리트는 <가슴>으로, <프라카샤(빛) 즉 의식의
본성>과 <비마르샤 즉 의식의 깨어 있는 일>이다.

<가슴> 즉 <프라카샤-비마르샤>는 **동굴[구하]**과 같다. **동굴**처럼 그 <모든 것의 **실재(實在)**> 속으로 들어가는 여지(餘地)를 제공하기 때문이다.

전체의 뜻은 "이 <**가슴**이란 **동굴**>에 확실성을 가지고 굳게 선 것"을 말한다.

"**이 지식[지혜, 통찰, 재인식]**"의 보물(寶物)이 바수굽타라고 부르는 한 스승**의 은덕(恩德)이듯이**, 그렇게 그것은 또 모든 사람들의 은덕일 것이다. **이 지식을 얻는 것**을 금(禁)하는 것은 어떤 것도 없기 때문이다.

그들이 그것을 <**가슴의 동굴**> 안에 조심스럽게 **보존하고**, <똑같은 믿음을 얻지 못한 자들>로부터 그것을 지키고, 또 **그것을 확실히 깨닫는 것으로 완전히 받아들일 때**, 그때, **이 보물**은 항상(恒常) 그들의 은덕을 위해 있을 것이다.

<**모두의 은덕**>이란 <우리의 진정한 **본성** 속으로 들어가고 또 누리는 경험(經驗), 힘, 능력(能力)을 얻는 것>을 말한다.

모두에게 **은덕(恩德)**이 있기를!

바우치 서재(書齋)에서.

참 나를 느끼는
스판다 카리카

초판 1쇄 발행   2017년 7월 18일

지은이 ㅣ 金恩在

펴낸이 ㅣ 이의성
펴낸곳 ㅣ 지혜의나무
등록번호 ㅣ 제1-2492호
주소 ㅣ 서울시 종로구 관훈동 198-16 남도빌딩 3층
전화 ㅣ (02)730-2211   팩스 ㅣ (02)730-2210

ISBN 979-11-85062-24-2   03150